上财文库
新思想研究丛书
刘元春　主编

构建高水平社会主义市场经济体制

Building a High-Standard Socialist Market Economy

刘元春　著

上海财经大学出版社
上海学术·经济学出版中心

图书在版编目(CIP)数据

构建高水平社会主义市场经济体制 / 刘元春著.
上海：上海财经大学出版社, 2025.1. -- (上财文库)
(新思想研究丛书). -- ISBN 978-7-5642-4541-2

Ⅰ. F123.9

中国国家版本馆 CIP 数据核字第 20244VS235 号

上海财经大学中央高校双一流引导专项资金、中央高校基本科研业务费资助

□ 责任编辑　黄　荟
□ 封面设计　贺加贝

构建高水平社会主义市场经济体制

刘元春　著

上海财经大学出版社出版发行
（上海市中山北一路 369 号　邮编 200083）
网　　址:http://www.sufep.com
电子邮箱:webmaster@sufep.com
全国新华书店经销
上海华业装潢印刷厂有限公司印刷装订
2025 年 1 月第 1 版　2025 年 6 月第 3 次印刷

787mm×1092mm　1/16　11.5 印张（插页:2）　212 千字
定价:78.00 元

总　序

更加自觉推进原创性自主知识体系的建构

中国共产党二十届三中全会是新时代新征程上又一次具有划时代意义的大会。随着三中全会的大幕拉开，中国再次站在了新一轮改革与发展的起点上。大会强调要创新马克思主义理论研究和建设工程，实施哲学社会科学创新工程，构建中国哲学社会科学自主知识体系。深入学习贯彻二十届三中全会精神，就要以更加坚定的信念和更加担当的姿态，锐意进取、勇于创新，不断增强原创性哲学社会科学体系构建服务于中国式现代化建设宏伟目标的自觉性和主动性。

把握中国原创性自主知识体系的建构来源，应该努力处理好四个关系。 习近平总书记指出："加快构建中国特色哲学社会科学，归根结底是建构中国自主的知识体系。要以中国为观照、以时代为观照，立足中国实际，解决中国问题，不断推动中华优秀传统文化创造性转化、创新性发展，不断推进知识创新、理论创新、方法创新，使中国特色哲学社会科学真正屹立于世界学术之林。"习近平总书记的重要论述，为建构中国自主知识体系指明了方向。当前，应当厘清四个关系：（1）世界哲学社会科学与中国原创性自主知识体系的关系。我们现有的学科体系就是借鉴西方文明成果而生成的。虽然成功借鉴他者经验也是形成中国特色的源泉，但更应该在主创意识和质疑精神的基础上产生原创性智慧，而质疑的对象就包括借鉴"他者"而形成的思维定式。只有打破定式，才能实现原创。（2）中国式现代化建设过程中遇到的问题与原创性自主知识体系的关系。建构中国原创性自主知识体系，其根本价值在于观察时代、解读时代、引领时代，在研究真正的时代问题中回答"时代之问",这也是推动建构自主知识体系最为重要的动因。只有准确把握中国特色社会主义的历史新方位、时代新变化、实践新要求,才能确保以中国之理指引中国之路、回答人民之问。(3)党的创新理论与自主知识体系的关系。马克思主义是建构中国自主知识体系的"魂脉",坚持以马克思主义为指导,是当代中国哲学社会科学区别于其他哲学社会科学的根本标志,必须旗帜鲜明加以坚持。党的创新理论是中国特色哲学社会科学的主体内容,也是中国特色哲学社会科学发展的最大增量。(4)中华传统文化与原创性自主知识体系的关系。中华优秀传统文化是原创性自主知识体系的"根脉",要加强对优秀传统文化的挖掘和阐发,更有效地推动优秀传统文化创造性转化、创新性发展,创造具有鲜明"自主性"的新的知识生命体。

探索中国原创性自主知识体系的建构路径,应该自觉遵循学术体系的一般发展规律。建构中国原创性自主知识体系,要将实践总结和应对式的策论上升到理论、理论上升到新的学术范式、新的学术范式上升到新的学科体系,必须遵循学术体系的一般发展规律,在新事实、新现象、新规律之中提炼出新概念、新理论和新范式,从而防止哲学社会科学在知识化创新中陷入分解谬误和碎片化困境。当前应当做好以下工作:(1)掌握本原。系统深入研究实践中的典型事实,真正掌握清楚中国模式、中国道路、中国制度和中国文化在实践中的本原。(2)总结规律。在典型事实的提炼基础上,进行特征事实、典型规律和超常规规律的总结。(3)凝练问题。将典型事实、典型规律、新规律与传统理论和传统模式进行对比,提出传统理论和思想难以解释的新现象、新规律,并凝练出新的理论问题。(4)合理解释。以问题为导向,进行相关问题和猜想的解答,从而从逻辑和学理角度对新问题、新现象和新规律给出合理性解释。(5)提炼范畴。在各种合理性解释中寻找到创新思想和创新理论,提炼出新的理论元素、理论概念和理论范畴。(6)形成范式。体系化和学理化各种理论概念、范畴和基本元素,以形成理论体系和新的范式。(7)创建体系。利用新的范式和理论体系在实践中进行检验,在解决新问题中进行丰富,最后形成有既定运用场景、既定分析框架、基本理论内核等要件的学科体系。

推进中国原创性自主知识体系的建构实践,应该务实抓好三个方面。首先,做好总体规划。自主知识体系的学理化和体系化建构是个系统工程,必须下定决心攻坚克难,在各个学科知识图谱编制指南中,推进框定自主知识体系的明确要求。

各类国家级教材建设和评定中,要有自主知识体系相应内容审核;推进设立中国式现代化发展实践典型案例库,作为建构自主知识体系的重要源泉。其次,推动评价引领。科学的评价是促进原创性自主知识体系走深走实的关键。学术评价应该更加强调学术研究的中国问题意识、原创价值贡献、多元成果并重,有力促进哲学社会科学学者用中国理论和学术做大学问、做真学问。高校应该坚决贯彻"破五唯"要求,以学术成果的原创影响力和贡献度作为认定依据,引导教师产出高水平学术成果。要构建分类评价标准,最大限度激发教师创新潜能和创新活力,鼓励教师在不同领域做出特色、追求卓越,推动哲学社会科学界真正产生出一批引领时代发展的社科大家。最后,抓好教研转化。自主知识体系应该转化为有效的教研体系,才能发挥好自主知识体系的育人功能,整体提升学校立德树人的能力和水平。

上海财经大学积极依托学校各类学科优势,以上财文库建设为抓手,以整体学术评价改革为动力,初步探索了一条富有经管学科特色的中国特色哲学社会科学建构道路。学校科研处联合校内有关部门,组织发起上财文库专项工程,该工程旨在遵循学术发展一般规律,更加自觉建构中国原创性自主知识体系,推动产生一批有品牌影响力的学术著作,服务中国式现代化宏伟实践。我相信自主知识体系"上财学派"未来可期。

上海财经大学 校长

2024 年 12 月

前　言

自改革开放尤其是党的十八大以来,我国在构建社会主义市场经济体制方面取得了显著成效,探索形成了一条具有中国特色的社会主义市场化发展道路。但伴随时代的变迁以及中国式现代化进程的不断深入,社会主义市场经济体制面临着诸多新的现实问题和挑战,亟待通过进一步深化改革走向更高层次。在这一背景下,习近平总书记在党的十九届五中全会上首次提出,要"全面深化改革,构建高水平社会主义市场经济体制",并在党的二十大报告中将"构建高水平社会主义市场经济体制"作为"加快构建新发展格局,着力推动高质量发展"的首要举措。在此基础上,党的二十届三中全会进一步将"全面建成高水平社会主义市场经济体制"纳入2035年全面深化改革总目标,并聚焦坚持和落实"两个毫不动摇"、构建全国统一大市场、完善市场经济基础制度等关键领域,对如何构建高水平社会主义市场经济体制进行了系列阐述,从而为新时代我国社会主义市场经济体制改革指明了方向。

本书即以构建高水平社会主义市场经济体制为研究对象,旨在对习近平总书记关于社会主义市场经济体制的重要论述进行全面梳理和系统阐释,并在辩证吸收世界不同市场经济模式经验和教训的基础上,探索提出现代化强国目标下构建高水平社会主义市场经济体制的理论构想。在此基础上,进一步考察当前我国构建高水平社会主义市场经济体制面临的关键问题和挑战,提出亟待进一步改革的重点领域及具体举措,并以上海发展完善社会主义市场经济体制的实践前沿作为典型案例进行具体分析。

全书共包含六个部分:

第一部分是对习近平总书记关于社会主义市场经济体制重要论述的系统梳理。一方面沿着纵向线索,对习近平总书记关于社会主义市场经济认识从"早期探索"到"逐步深化"再到"全面深化"的思想演进脉络进行细致梳理；另一方面沿着横向线索，从习近平总书记关于社会主义市场经济的重要论述和当前我国经济社会发展实践中总结提炼出若干关键问题。这为高水平社会主义市场经济体制研究提供了思想依据。

第二部分是对世界不同市场经济模式的比较研究。即选取具有代表性的发达国家和发展中国家，比较其市场经济模式的核心特征及实践方式，从而将市场经济模型提炼为自由市场导向型、政府干预导向型、社会调控导向型、依附型发展、自主发展导向型等不同类型，并通过对不同市场经济模式的深入比较评析，得出可供我国社会主义市场经济体制改革吸收借鉴的经验和教训。这为高水平社会主义市场经济体制研究提供了国际借鉴。

第三部分是对现代化强国目标下构建高水平社会主义市场经济体制理论构想的研究。即以习近平总书记关于社会主义市场经济体制重要论述为思想基础，立足2035年和本世纪中叶两个重要时间节点，从根本要求、总体目标、基本原则、基本内涵、构成要件、制度体系建设等方面着手，系统勾勒现代化强国目标下高水平社会主义市场经济体制的理论模型。这为高水平社会主义市场经济体制研究提供了理论参照。

第四部分是对构建高水平社会主义市场经济体制关键问题与挑战的考察。即基于改革开放以来我国社会主义市场经济体制改革实践，结合当前国内外经济形势变化趋势，梳理和提炼构建高水平社会主义市场经济体制过程中面临的关键问题与挑战，包括如何更好优化所有制结构、如何更好协调政府与市场关系、如何平衡财富的创造与分配、如何推进更高水平对外开放等。这为高水平社会主义市场经济体制研究提供了问题导向。

第五部分是对构建高水平社会主义市场经济体制重点领域改革及举措的探讨。即以我国社会主义市场经济体制面临的关键问题为立足点，以构建高水平社会主义市场经济体制的理论构想为目标参照，从市场主体、市场载体、市场媒介、市场调控、市场开放五个基本维度出发，选取对于推动构建高水平社会主义市场经济体制最为关键的改革领域进行深入解析和对策探讨。这为高水平社会主义市场经济体制研究提供了践行路径。

第六部分是对上海构建高水平社会主义市场经济体制总体要求和实践路径的分析。上海作为改革开放的排头兵、创新发展的先行者，通过积极作为、勇于探索，形成了一系列发展完善社会主义市场经济体制的先行先试宝贵经验。本部分即在系统梳理这些探索经验基础上,进一步对上海构建高水平社会主义市场经济体制的现存问题、总体要求、实践路径等进行全面考察,为高水平社会主义市场经济体制研究提供案例支撑。

综上所述,本书力图对构建高水平社会主义市场经济体制的思想依据、国际借鉴、理论构想、问题导向、改革路径、实践案例等进行系统研究,以期科学回答"什么是高水平社会主义市场经济体制""为何要构建高水平社会主义市场经济体制""如何构建高水平社会主义市场经济体制"等关键问题,为我国构建高水平社会主义市场经济体制、稳步迈向社会主义现代化强国建设目标贡献力量。

刘元春

2024 年 11 月

目 录

第一章　习近平总书记关于社会主义市场经济体制的重要论述　/ 001
　　第一节　习近平总书记关于社会主义市场经济的早期探索　/ 001
　　第二节　习近平总书记对社会主义市场经济认识的深化　/ 004
　　第三节　习近平总书记对社会主义市场经济认识的全面深化　/ 008
　　第四节　建设社会主义市场经济的几个关键问题　/ 015

第二章　世界不同市场经济模式的比较研究　/ 021
　　第一节　发达国家的市场经济模式　/ 022
　　第二节　发展中国家的市场经济模式　/ 037

第三章　现代化强国目标下构建社会主义市场经济体制的理论构想　/ 047
　　第一节　加快构建高水平社会主义市场经济体制的根本要求　/ 048
　　第二节　现代化强国目标下高水平社会主义市场经济体制的理论构想　/ 057
　　第三节　高水平社会主义市场经济体制的核心要件　/ 068

第四章　构建高水平社会主义市场经济体制的关键问题与挑战　/ 079
　　第一节　多种所有制经济共同发展面临的问题和挑战　/ 079
　　第二节　政府与市场关系的问题和挑战　/ 087

第三节　平衡财富创造与分配的问题和挑战　/ 092

第四节　高水平对外开放的问题和挑战　/ 097

第五章　构建高水平社会主义市场经济体制的重点领域改革及举措　/ 105

第一节　促进各种所有制经济共同发展　/ 105

第二节　加快构建全国统一大市场　/ 111

第三节　推进资本市场健康稳定发展　/ 119

第四节　持续健全宏观经济治理体系　/ 126

第五节　建设更高水平开放型经济新体制　/ 133

第六章　上海构建高水平社会主义市场经济体制的总体要求和实践路径　/ 139

第一节　上海发展完善社会主义市场经济的探索与经验　/ 139

第二节　上海构建高水平社会主义市场经济体制面临的问题　/ 145

第三节　上海构建高水平社会主义市场经济体制的总体要求　/ 153

第四节　上海构建高水平社会主义市场经济体制的实践路径　/ 159

参考文献　/ 167

第一章

习近平总书记关于社会主义市场经济体制的重要论述

习近平总书记对社会主义市场经济体制的认识是他从地方到中央长期以来的理论思考和实践探索中所形成的。习近平总书记坚持以马克思主义政治经济学为指导，注重批判和借鉴西方经济学理论，在实践中不断深化对市场经济规律和社会主义市场经济的认识，使得新时代我国发展社会主义市场经济有了科学理论的指导，取得了显著成就。当前，我国正朝着构建高水平社会主义市场经济体制的目标不断进发。

第一节　习近平总书记关于社会主义市场经济的早期探索

在地方工作期间，习近平总书记沿着我国的改革开放道路展开了对社会主义市场经济的实践探索，在探索过程中逐渐形成了对市场和政府作用的初步认识，从正定到福建，再到浙江和上海，清晰地表明了习近平总书记的探索轨迹，也为日后以习近平同志为核心的党中央发展和完善社会主义市场经济打下了坚实基础。

一、从正定到福建：社会主义与市场经济的结合

在正定工作期间，习近平同志对发展商品生产、运用市场规律倾注了极大精

力。他反复强调市场的重要性,指出"市场的价值法则使许多人变得聪明能干起来"。针对有些同志的埋怨情绪,他说:"要埋怨的话,先埋怨自己,为什么没有市场竞争的思想准备。"①

改革开放之后,正定开始发展有计划的商品经济。习近平同志指出,商品生产不是资本主义社会的专利,社会主义也可以搞商品经济。当时正定县的商品生产滞后,不少干部对商品生产知之甚少,习近平要求大家要深入学习、大力实践。②

习近平总书记曾在福建工作17年半,他开创性地提出了一系列重要理念,推进了一系列重大实践。

他提出建立和发展社会主义市场经济体制必须坚持以马克思主义经济学为指导,吸收西方经济学合理成果,对社会主义市场经济的实践经验进行总结和概括,对社会主义市场经济运行规律进行探索和把握,使马克思主义经济学在建立和发展社会主义市场经济的实践中不断趋于完善,并使之更好地指导建立社会主义市场经济体制的具体实践。③ 他强调社会主义市场经济必须充分发挥社会主义和市场经济两个方面的优势,"社会主义市场经济虽然有利于实现政治与经济的高度统一,但它并不能自然而然地使政治与经济形成政治经济化、经济政治化的本质特征,更不能自然而然地实现政治和经济的有机统一,只能是为政治经济化、经济政治化的发展提供有利条件,为促进和实现政治和经济的有机统一提供一种好的发展形式……要促进社会主义市场经济的健康发展,仅靠某个方面的'单打一'是不行的,必须善于充分发挥社会主义和市场经济两个方面的最大优势"④。

在福建工作期间,习近平同志亲自领导和亲身参与了福建改革开放和现代化建设,留下了清晰而深刻的足迹:他提倡"马上就办"的工作精神,催生了首问责任制、办事限时制、红灯呈报制等制度;他倡导外商投资审批"一栋楼办公",推进简政放权……

20世纪90年代初,作为首批14个沿海开放城市之一的福州,发展软环境却不尽如人意。有的党员干部庸懒散漫、办事拖拉、效率低下的现象一度较为突出,企

---

① 大众网.企业要按照市场规律办事——谈正确认识和把握政府市场企业关系[EB/OL]. http://sd.dzwww.com/sdnews/201804/t20180408_17232116.htm.
② 卜金超.习近平在正定工作期间的领导实践与思想方法研究[J].中共石家庄市委党校学报,2024,26(04):10-15.
③ 习近平.社会主义市场经济和马克思主义经济学的发展与完善[J].经济学动态,1998(07):3-6.
④ 习近平.对发展社会主义市场经济的再认识[J].东南学术,2001(04):26-38.

业和群众办事门难进、事难办等问题不同程度存在。

1991年2月20日,在福州市委工作会议上,时任福州市委书记的习近平第一次向全市干部明确提出:"要大力提倡'马上就办'的工作精神,讲求工作实效,提高办事效率,使少讲空话、狠抓落实在全市进一步形成风气、形成习惯、形成规矩。"

1992年5月8日,习近平同志在中共福州市委六届五次全体会议上的讲话中指出:"去年我们提倡'马上就办',取得很好效果。我想今年除了这四个字外,还要再加四个字,就是'真抓实干'。""'马上就办'加上'真抓实干',我们就能切实转变作风,把工作落到实处,开创新局面。"

此后,"马上就办、真抓实干"优良作风带动福州经济社会发展发生巨变。几年时间里,福州以年均超过20%的经济增长率快速前进,1990年、1993年、1994年、1995年,全市GDP相继超过100亿元、200亿元、300亿元、400亿元,迅速跻身于全国大中城市前列,成为东南地区改革开放的一面旗帜。

二、从浙江到上海:"两只手"的辩证关系

调任浙江之后,习近平同志以全面深化改革掀起全省改革发展大潮,在推动资源要素市场化配置改革、培育要素市场、建设完善现代市场体系的同时,注重强化机关效能建设,不断深化行政审批制度改革,用好"两只手",打出一套市场化取向改革的"组合拳"。他提出"八八战略",第一条就是"进一步发挥浙江的体制机制优势,大力推动以公有制为主体的多种所有制经济共同发展,不断完善社会主义市场经济体制"。

"市场的这只手壮大了,政府也可以转换出更多的职能,把该管的事情管好,把不该管和管不好的事情交给市场去管。"为了把"两只手"理论落到实处,习近平同志提出了打造服务型政府。2004年2月2日,浙江省委召开新春第一会——全省加强机关效能建设大会,旨在解决机关效能突出问题,使各级机关和广大机关干部在履行职责和改革创新上有新的突破,在服务质量和办事效率上有新的改进,在人民群众对机关工作的满意度上有新的提高。打造服务型政府的改革理念,浙江一直延续至今。2003年,浙江开始第三轮行政审批制度改革,成为全国审批项目最少的省份之一。2013年11月作为全国唯一试点,启动以"权力清单"为基础的"四张清单一张网"创造性改革举措。此后,"最多跑一次""数字化改革"等工作次第推

进,政府服务质效不断提升。[①]

在此过程中,习近平同志也在不断深化自己的思考并进行理论探索,他在2006年3月17日的《浙江日报》"之江新语"专栏文章《从"两只手"看深化改革》中指出,改革逐步推进到一定的时候,"两只手"应该是这样的关系:比如,在经济社会协调上,市场这只手更多地调节经济,政府这只手则强化社会管理和公共服务的职能;在经济运行上,市场这只手调节微观领域的经济活动,政府这只手用来制定游戏规则、进行宏观调控;在公平与效率上,市场这只手激活效率,政府这只手则更多地关注公平;在城乡发展上,城市发展更多地依靠市场这只手的作用,农村发展则由政府这只手承担更多的职能。当然,这是需要一个过程的,但必须沿着这个方向不断深化改革。

在上海,习近平同志非常重视党对经济工作的领导,组建了上海市委财经工作领导小组,经济工作的重大方针政策和重大项目都由领导小组开会决定。在上海市委九届一次全会上,习近平同志强调了"六个坚持",其中就包括"坚持抓好党执政兴国的第一要务,努力实现经济社会又好又快发展",提出要加强领导,发挥市委在领导经济工作上"把握方向、谋划全局、提出战略、制定政策、推动立法、营造良好环境"的职能作用,充分调动各方面积极性,形成全市上下齐心协力、共谋发展的良好局面。这也为十八大以后习近平总书记强调加强党的领导奠定了实践基础。

第二节　习近平总书记对社会主义市场经济认识的深化

党的十八大以来,习近平总书记立足我国经济社会发展实践,提出新认识新思想。从党的十八届三中全会提出"经济体制改革是全面深化改革的重点,核心问题是处理好政府和市场的关系,使市场在资源配置中起决定性作用和更好发挥政府作用"的新判断,到党的十九届四中全会将公有制为主体、多种所有制经济共同发展,按劳分配为主体、多种分配方式并存,社会主义市场经济体制并列为社会主义基本经济制度,再到党的二十大提出"构建高水平社会主义市场经济体制",我国的社会主义市场经济实现了从理论到实践的深刻变革。

[①] 人民网.攻坚克难开新局——习近平在浙江的改革故事[EB/OL]. http://politics.people.com.cn/n1/2024/0716/c1001-40278879.html.

一、市场在资源配置中从起基础性作用到决定性作用

自党的十四大提出建立中国特色社会主义市场经济,"使市场在社会主义国家宏观调控下对资源配置起基础性作用"以来,市场在资源配置中起基础性作用的总体表述未变,但改革中不断强调的市场作用正在凸显。这样的"量变",在新时代、在以习近平同志为核心的中国共产党人的深入思考中实现了"质变"。

从党的十八大到党的十八届三中全会,习近平总书记一直在探索如何围绕更好发挥市场在资源配置中的基础性作用进行深化改革。2012年12月,习近平总书记在十八届中共中央政治局第二次集体学习时强调:"改革开放是一项长期的、艰巨的、繁重的事业,必须一代又一代人接力干下去。必须坚持社会主义市场经济的改革方向,坚持对外开放的基本国策,以更大的政治勇气和智慧,不失时机深化重要领域改革,朝着党的十八大指引的改革开放方向奋勇前进。"

2013年7月,在武汉召开部分省市负责人座谈会时,习近平总书记强调:"进一步形成全国统一的市场体系,形成公平竞争的发展环境。要把更好发挥市场在资源配置中的基础性作用作为下一步深化改革的重要取向,加快形成统一开放、竞争有序的市场体系,着力清除市场壁垒,提高资源配置效率。"他从六方面提出了深化改革需要深入调查研究的重大问题,涉及完善社会主义市场经济有三个重要方面:市场环境、经济发展活力、政府的效率和效能。通过形成统一开放、竞争有序的市场体系,清除市场壁垒,提高资源配置效率;增强公有制经济特别是国有经济发展活力,以及非公有制经济作为经济发展微观基础的活力;以转变政府职能为抓手,处理好政府和市场的关系。2013年9月,他在出席二十国集团领导人第八次峰会发表讲话时强调:"中国将加强市场体系建设,推进宏观调控、财税、金融、投资、行政管理等领域体制改革,更加充分地发挥市场在资源配置中的基础性作用。"他还多次指出,下决心破除阻碍民间投资的"玻璃门""弹簧门"等体制障碍。

经过一年的探索之后,2013年召开的党的十八届三中全会旗帜鲜明地指出:使市场在资源配置中起决定性作用和更好发挥政府作用。

习近平总书记指出:坚持社会主义市场经济改革方向,核心问题是处理好政府和市场的关系,使市场在资源配置中起决定性作用和更好发挥政府作用。这是我们党在创新政府与市场关系理论上的又一重大推进。

在对十八届三中全会《中共中央关于全面深化改革若干重大问题的决定》的说

明中,习近平总书记对政府与市场关系做了新的阐释。他指出:"我国实行的是社会主义市场经济体制,我们仍然要坚持发挥我国社会主义制度的优越性、发挥党和政府的积极作用。市场在资源配置中起决定性作用,并不是起全部作用。"因此,"使市场在资源配置中起决定性作用",并不是排斥政府的作用,而是要认识"发展社会主义市场经济,既要发挥市场作用,也要发挥政府作用,但市场作用和政府作用的职能是不同的"。

二、"看不见的手"和"看得见的手"都要用好

2014年5月27日,习近平总书记在十八届中央政治局第十五次集体学习时强调:"党的十八届三中全会将市场在资源配置中起基础性作用修改为起决定性作用,虽然只有两字之差,但对市场作用是一个全新的定位,'决定性作用'和'基础性作用'这两个定位是前后衔接、继承发展的。"习近平总书记这样阐述的深刻意义在于,提出使市场在资源配置中起决定性作用,是我们党对中国特色社会主义建设规律认识的一个新突破,是马克思主义中国化的一个新的成果,标志着社会主义市场经济发展进入了一个新阶段。[1] 他强调"看不见的手"和"看得见的手"都要用好,要求"各级政府一定要严格依法行政,切实履行职责,该管的事一定要管好、管到位,该放的权一定要放足、放到位,坚决克服政府职能错位、越位、缺位现象"。

怎样让市场在资源配置中发挥决定性作用呢?习近平总书记指出,就是要"坚持社会主义市场经济改革方向,从广度和深度上推进市场化改革",克服"束缚市场主体活力、阻碍市场和价值规律充分发挥作用的弊端"。[2] 习近平总书记对我国市场经济体制存在的问题有着深刻的认识,他指出:"我国社会主义市场经济体制已经初步建立,但仍存在不少问题,主要是市场秩序不规范,以不正当手段谋取经济利益的现象广泛存在;生产要素市场发展滞后,要素闲置和大量有效需求得不到满足并存;市场规则不统一,部门保护主义和地方保护主义大量存在;市场竞争不充分,阻碍优胜劣汰和结构调整,等等。"[3]

市场在资源配置中起决定性作用,并不是起全部作用。我国实行的是社会主义市场经济体制,最为关键的是要发挥好社会主义制度的优越性,坚持党对经济工

---

[1] 习近平. 习近平谈治国理政(第一卷)[M]. 北京:外文出版社,2014:116.
[2] 习近平. 习近平谈治国理政(第一卷)[M]. 北京:外文出版社,2014:117.
[3] 习近平. 习近平谈治国理政(第一卷)[M]. 北京:外文出版社,2014:76.

作的全面领导,更好发挥政府的积极作用。2015年11月23日,习近平总书记在十八届中央政治局第二十八次集体学习时指出:"在社会主义条件下发展市场经济,是我们党的一个伟大创举。我国经济发展获得巨大成功的一个关键因素,就是我们既发挥了市场经济的长处,又发挥了社会主义制度的优越性。我们是在中国共产党领导和社会主义制度的大前提下发展市场经济,什么时候都不能忘了'社会主义'这个定语。之所以说是社会主义市场经济,就是要坚持我们的制度优越性,有效防范资本主义市场经济的弊端。我们要坚持辩证法、两点论,继续在社会主义基本制度与市场经济的结合上下功夫,把两方面优势都发挥好,既要'有效的市场',也要'有为的政府',努力在实践中破解这道经济学上的世界性难题。"

中国的市场经济是在政府主导下逐步建立的,妥善发挥政府作用是处理好政府和市场关系的关键。政府宏观调控是社会主义制度的本质要求,也是中国特色社会主义市场经济不断取得成功的历史法宝。在《关于〈中共中央关于全面深化改革若干重大问题的决定〉的说明》中,习近平总书记强调,"科学的宏观调控,有效的政府治理,是发挥社会主义市场经济体制优势的内在要求"。在社会主义市场经济条件下,"政府的职责和作用主要是保持宏观经济稳定,加强和优化公共服务,保障公平竞争,加强市场监管,维护市场秩序,推动可持续发展,促进共同富裕,弥补市场失灵"[1]。"更好发挥政府作用,就要切实转变政府职能,深化行政体制改革,创新行政管理方式,健全宏观调控体系,加强市场活动监管,加强和优化公共服务,促进社会公平正义和社会稳定,促进共同富裕。"习近平总书记一语破题,指明"有形之手"的发力方向。

一是转变政府职能,建设法治型和服务型政府。习近平总书记认为,尽管当前"非公有制经济发展面临前所未有的良好政策环境和社会氛围",但"政策落地效果还不是很好,主要问题是:市场准入限制仍然较多;政策执行中'玻璃门''弹簧门''旋转门'现象大量存在;一些政府部门为民营企业办事效率仍然不高"[2],因此要深化全面改革,建设法治型和服务型政府。习近平总书记指出:"我们全面深化改革,就要激发市场蕴藏的活力。市场活力来自于人,特别是来自于企业家,来自于企业家精神。激发市场活力,就是要把该放的权放到位,该营造的环境营造好,该制定的规则制定好,让企业家有用武之地。我们强调要更好发挥政府作用,更多从管理

---

[1] 习近平.习近平谈治国理政(第一卷)[M].北京:外文出版社,2014:77.
[2] 习近平.习近平谈治国理政(第二卷)[M].北京:外文出版社,2017:261.

者转向服务者,为企业服务,为推动经济社会发展服务。"[①]同时,要构建"亲""清"政商关系,"这种交往应该为君子之交,要亲商、安商、富商,但不能搞成封建官僚和'红顶商人'之间的那种关系,也不能搞成西方国家大财团和政界之间的那种关系,更不能搞成吃吃喝喝、酒肉朋友的那种关系"[②]。

二是健全宏观调控体系。2013年4月25日上午,中共中央政治局常务委员会召开会议,习近平总书记提出:"实现经济发展目标,关键要保持稳增长和调结构平衡,坚持宏观政策要稳、微观政策要活、社会政策要托底的总体思路。"2015年11月10日,习近平总书记在中央财经领导小组第十一次会议上提出,要适应经济发展新常态,坚持稳中求进,坚持改革开放,实行宏观政策要稳、产业政策要准、微观政策要活、改革政策要实、社会政策要托底的政策,战略上坚持持久战,战术上打好歼灭战。2016年中央经济工作会议指出,党的十八大以来,我们初步确立了适应经济发展新常态的经济政策框架,"形成以新发展理念为指导、以供给侧结构性改革为主线的政策体系,引导经济朝着更高质量、更有效率、更加公平、更可持续的方向发展,提出引领我国经济持续健康发展的一套政策框架"。

第三节　习近平总书记对社会主义市场经济认识的全面深化

党的十九大报告则进一步明晰了政府和市场的作用,提出市场的决定性作用是必要前提和坚实基础,这标志着我们党对社会主义建设规律的认识达到了新高度。2019年,党的十九届四中全会将社会主义市场经济体制纳入社会主义基本经济制度,并进一步提出,"充分发挥市场在资源配置中的决定性作用,更好发挥政府作用"。2022年,党的二十大报告提出"构建高水平社会主义市场经济体制"并作出战略部署。2024年7月召开的二十届三中全会指出,到2035年,全面建成高水平社会主义市场经济体制,到2029年,聚焦构建高水平社会主义市场经济体制,完成改革任务。这些理论创新和实践部署体现了以习近平同志为核心的党中央不断深化对社会主义市场经济的认识、完善社会主义市场经济体制的坚定决心。

---

① 谋求持久发展,共筑亚太梦想[N].人民日报,2014—11—10.
② 习近平.习近平谈治国理政(第二卷)[M].北京:外文出版社,2017:264.

一、进一步强调市场在资源配置中的决定性作用,更好发挥政府作用

从党的十九大提出"市场的决定性作用是必要前提和坚实基础",到党的十九届四中全会提出"充分发挥市场在资源配置中的决定性作用,更好发挥政府作用",体现了以习近平同志为核心的党中央进一步强化市场作用、更好发挥政府作用的决心。

一是营造一流营商环境。2013年,党的十八届三中全会在《中共中央关于全面深化改革若干重大问题的决定》中提出要"推进国内贸易流通体制改革,建设法治化营商环境"。这是"法治化营商环境"在中央文件中首次提出,标志着我国对于营商环境的探索和建设正式进入起步阶段。2017年,习近平总书记在中央财经领导小组第十六次会议上强调要"营造稳定公平透明、可预期的营商环境"。将优化营商环境作为经济发展新方略,也成为党的十九大之后"放管服"改革的新目标。2018年11月5日,习近平主席在首届中国国际进口博览会开幕式上发表主旨演讲时指出,要营造国际一流营商环境,并强调"营商环境只有更好,没有最好"。这一掷地有声的话语,成为指导各地改革开放实践,建设市场化、法治化、国际化营商环境的重要遵循。"法治是最好的营商环境。"2019年2月,习近平总书记在中央全面依法治国委员会第二次会议上深刻阐述了这一重要论断。2024年1月14日,习近平总书记对政法工作作出重要指示强调:"要以高水平安全保障高质量发展,依法维护社会主义市场经济秩序,提升法治化营商环境建设水平。"习近平总书记还强调要以高水平制度型开放打造市场化、法治化、国际化营商环境,2021年10月30日,他在二十国集团领导人第十六次峰会第一阶段会议上指出,"中国将坚持对外开放的基本国策,发挥超大规模市场优势和内需潜力,着力推动规则、规制、管理、标准等制度型开放,不断加大知识产权保护力度,持续打造市场化、法治化、国际化营商环境,为中外企业提供公平公正的市场秩序"。2024年全国两会期间,习近平总书记在参加江苏代表团审议时强调:"持续建设市场化、法治化、国际化一流营商环境,塑造更高水平开放型经济新优势。"2024年9月26日,中央政治局会议提出"进一步优化市场化、法治化、国际化一流营商环境",表明在我国营商环境依然在不断优化和完善。

二是规范和引导资本健康发展。资本是社会主义市场经济的重要生产要素,2021年12月8日在中央经济工作会议上,习近平总书记强调:"我们要探索如何在

社会主义市场经济条件下发挥资本的积极作用,同时有效控制资本的消极作用。"他指出:"既然是社会主义市场经济,就必然会产生各种形态的资本。资本主义社会的资本和社会主义社会的资本固然有很多不同,但资本都是要追逐利润的。""资本是社会主义市场经济的重要生产要素,在社会主义市场经济条件下规范和引导资本发展,既是一个重大经济问题,也是一个重大政治问题,既是一个重大实践问题,也是一个重大理论问题,关系坚持社会主义基本经济制度,关系改革开放基本国策,关系高质量发展和共同富裕,关系国家安全和社会稳定。"2022年4月30日,习近平总书记在十九届中央政治局第三十八次集体学习时指出:"要规范和引导资本发展。要设立'红绿灯',健全资本发展的法律制度,形成框架完整、逻辑清晰、制度完备的规则体系。"党的二十大再次强调,"加强反垄断和反不正当竞争,破除地方保护和行政性垄断,依法规范和引导资本健康发展"。党的二十届三中全会《中共中央关于进一步全面深化改革 推进中国式现代化的决定》(以下简称《决定》)对进一步深化资本市场改革进行部署,作出"健全投资和融资相协调的资本市场功能""促进资本市场健康稳定发展""建立增强资本市场内在稳定性长效机制"等安排。

三是"有形之手"和"无形之手"共同推动新质生产力发展。党的十八大以来,面对纷繁复杂的国际国内形势,面对新一轮科技革命和产业变革,如何充分抓住科技发展的重大机遇,培育发展新质生产力,是摆在我国面前的重要现实问题。习近平总书记2024年1月31日在二十届中央政治局第十一次集体学习时指出,新质生产力既需要政府超前规划引导、科学政策支持,也需要市场机制调节、企业等微观主体不断创新,是政府"有形之手"和市场"无形之手"共同培育和驱动形成的。因此,要深化经济体制、科技体制等改革,着力打通束缚新质生产力发展的堵点卡点,建立高标准市场体系,创新生产要素配置方式,让各类先进优质生产要素向发展新质生产力顺畅流动。同时,要扩大高水平对外开放,为发展新质生产力营造良好国际环境。党的二十届三中全会《决定》提出"健全因地制宜发展新质生产力体制机制",并强调要"健全相关规则和政策,加快形成同新质生产力更相适应的生产关系,促进各类先进生产要素向发展新质生产力集聚,大幅提升全要素生产率。鼓励和规范发展天使投资、风险投资、私募股权投资,更好发挥政府投资基金作用,发展耐心资本"。

二、强调坚持党对经济工作的集中统一领导

市场经济存在自发性和盲目性,需要加强政府调控,弥补市场配置方式存在的不足,党的领导能为政府加强和改善宏观调控提供战略指引,为防止经济出现大起大落、维护经济和社会的稳定指明正确方向。对于社会主义市场经济而言,习近平总书记反复强调坚持改革的社会主义方向,指出"建设高标准市场体系,要贯彻新发展理念,坚持社会主义市场经济改革方向"①,党对经济工作的集中统一领导能够确保经济发展始终沿着社会主义方向前进,能够保证国家战略的制定和执行(如五年规划、区域发展战略等),能够保证经济发展遵循科学规律,推动经济结构优化升级,实现可持续发展。社会主义的本质是解放和发展生产力,实现共同富裕,这也是我国发展社会主义市场经济的根本目标,党的领导能够保证在追求经济增长的同时,注重社会公平和正义,防止两极分化,实现公平与效率的统一。

党的十八大以来,习近平总书记多次强调"加强党对经济工作的领导"。党的十九大以来,以习近平同志为核心的党中央深刻认识并始终强调党中央对经济工作的集中统一领导的客观规律性。2018年中央经济工作会议指出,"我们在实践中深化了对做好新形势下经济工作的规律性认识:必须坚持党中央集中统一领导,发挥掌舵领航作用";2019年中央经济工作会议总结所取得成绩的原因指出,"根本原因在于我们坚持党中央集中统一领导";2020年中央经济工作会议进一步指出,"在统筹国内国际两个大局、统筹疫情防控和经济社会发展的实践中,我们深化了对在严峻挑战下做好经济工作的规律性认识:党中央权威是危难时刻全党全国各族人民迎难而上的根本依靠,在重大历史关头,重大考验面前,党中央的判断力、决策力、行动力具有决定性作用"。2021年,党的十九届六中全会《中共中央关于党的百年奋斗重大成就和历史经验的决议》指出,党的百年奋斗历程的"十个坚持"历史经验之首就是坚持党的全面领导。尤其是党的十八大以来的经济社会发展实践已然证明,党中央具备在重大历史关头应对重大考验的判断力、决策力、行动力,具备成功驾驭各种复杂局面的娴熟能力,具备引领"我国经济这艘大船"扬帆远航的高超智慧,这是我们党能够成功战胜一切艰难险阻的最根本依靠。党的二十大报告中

---

① 习近平.全面贯彻党的十九届五中全会精神 推动改革和发展深度融合高效联动[N].人民日报,2020—11—03.

强调,"党的领导是全面的、系统的、整体的,必须全面、系统、整体加以落实"。党的二十届三中全会强调,党的领导是进一步全面深化改革、推进中国式现代化的根本保证。

三、健全宏观经济治理体系

从加强和完善宏观调控到健全宏观经济治理体系,是以习近平同志为核心的党中央对社会主义市场经济认识进一步深化的重要内容。自党的十八届三中全会把"完善和发展中国特色社会主义制度,推进国家治理体系和治理能力现代化"确定为全面深化改革的总目标后,我国一直在推动国家治理体系和治理能力的发展。党的十八届五中全会进一步强调"十三五"时期要实现"国家治理体系和治理能力现代化取得重大进展,各领域基础性制度体系基本形成";党的十九大提出到2035年"各方面制度更加完善,国家治理体系和治理能力现代化基本实现"、到本世纪中叶"实现国家治理体系和治理能力现代化";党的二十大提出到2035年"基本实现国家治理体系和治理能力现代化"。党的二十届三中全会指出,"进一步全面深化改革的总目标是继续完善和发展中国特色社会主义制度,推进国家治理体系和治理能力现代化",以习近平同志为核心的党中央把握完善和发展中国特色社会主义制度、推进国家治理体系和治理能力现代化的历史主动,展现了进一步全面深化改革开辟中国式现代化广阔前景的坚强决心。

宏观经济治理是治理体系和治理能力现代化的重要方面。解决新征程上面临的经济发展难题,在实践操作中不能仅强调供给端与需求端,在政策举措上必须超越传统的需求管理或供给调整,需要供给端和需求端、政策端与制度端同步发力。宏观调控不仅要在策略上加大逆周期跨周期调节的力度,增强宏观政策取向一致性,保持宏观经济的稳定,更需要在统筹推进财税、金融等重点领域改革的基础上完善宏观经济治理体系,改善微观主体激励机制。① 党的十九大报告指出:"创新和完善宏观调控,发挥国家发展规划的战略导向作用,健全财政、货币、产业、区域等经济政策协调机制。"党的十九大之后,我国特别强调"必须从系统论出发优化经济治理方式",坚持适应新常态的经济政策框架,同时不断"提高宏观调控的前瞻性、针对性、有效性",强调"宏观政策要保持连续性、稳定性、可持续性"。

---

① 刘元春.以经济体制改革为牵引,进一步全面深化改革[N].光明日报,2024-08-13.

2020年7月30日,中共中央政治局会议首次提出要"完善宏观调控跨周期设计和调节,实现稳增长和防风险长期均衡"。2021年,《中华人民共和国国民经济和社会发展第十四个五年规划和2035年远景目标纲要》明确要求,"搞好跨周期政策设计,提高逆周期调节能力"。2021年12月召开的中央经济工作会议再次重申,"财政政策和货币政策要协调联动,跨周期和逆周期宏观调控政策要有机结合"。在习近平宏观经济治理思想中,还包括国际宏观经济政策的协调。2020年12月召开的中央经济工作会议明确指出,"要完善宏观经济治理,加强国际宏观经济政策协调"。

党的二十届三中全会《决定》对健全宏观经济治理体系作出部署,明确"科学的宏观调控、有效的政府治理是发挥社会主义市场经济体制优势的内在要求",提出"必须完善宏观调控制度体系,统筹推进财税、金融等重点领域改革,增强宏观政策取向一致性"。从《中共中央 国务院关于新时代加快完善社会主义市场经济体制的意见》强调"完善宏观经济治理体制""进一步提高宏观经济治理能力",到"十四五"规划纲要首次将"完善宏观经济治理"作为"提升政府经济治理能力"的首要内容,再到此次《决定》提出"健全宏观经济治理体系",充分体现了党中央加强和改进宏观经济治理的决心和信心。

四、构建高水平社会主义市场经济体制

习近平总书记在党的二十大报告中提出,要加快构建新发展格局,着力推动高质量发展,强调要"构建高水平社会主义市场经济体制"。这是在党的全国代表大会报告中首次提出"构建高水平社会主义市场经济体制",也是继党的十九届五中全会首次提出"构建高水平社会主义市场经济体制"之后,对这一重大命题的再度强调,体现了以习近平同志为核心的党中央对我国经济发展和改革问题作出的新概括、新提炼。习近平总书记强调:"要坚持和发展我国基本经济制度,构建高水平社会主义市场经济体制,健全宏观经济治理体系和推动高质量发展体制机制,完善支持全面创新、城乡融合发展等体制机制。"

党的二十届三中全会《决定》指出:"聚焦构建高水平社会主义市场经济体制,充分发挥市场在资源配置中的决定性作用,更好发挥政府作用,坚持和完善社会主义基本经济制度,推进高水平科技自立自强,推进高水平对外开放,建成现代化经济体系,加快构建新发展格局,推动高质量发展。"在"构建高水平社会主义市场经济体制"这一部分强调了坚持和落实"两个毫不动摇"、构建全国统一大市场、完善

市场经济基础制度三个方面的内容。

第一,坚持和落实"两个毫不动摇"。党的十八大以来,习近平总书记反复强调要坚持"两个毫不动摇"。2013年党的十八届三中全会《中共中央关于全面深化改革若干重大问题的决定》指出,"公有制经济和非公有制经济都是社会主义市场经济的重要组成部分,都是我国经济社会发展的重要基础",这是党的文件第一次将公有制经济与非公有制经济这样并列提出。习近平总书记对此做出重要阐述:"在功能定位上,明确公有制经济和非公有制经济都是社会主义市场经济的重要组成部分,都是我国经济社会发展的重要基础;在产权保护上,明确提出公有制经济财产权不可侵犯,非公有制经济财产权同样不可侵犯;在政策待遇上,强调坚持权利平等、机会平等、规则平等,实行统一的市场准入制度。鼓励非公有制企业参与国有企业改革,鼓励发展非公有资本控股的混合所有制企业,鼓励有条件的私营企业建立现代企业制度。"习近平总书记强调要"坚持公有制主体地位,发挥国有经济主导作用,不断增强国有经济活力、控制力、影响力","深化国有企业改革,推动国有资本做强做优做大,培育具有全球竞争力的世界一流企业"。习近平总书记高度重视民营经济发展,鲜明提出民营经济是我国经济制度的内在要素、民营企业和民营企业家是我们自己人,要促进非公有制经济健康发展和非公有制经济人士健康成长。习近平总书记还提出,"要积极发展混合所有制经济,强调国有资本、集体资本、非公有资本等交叉持股、相互融合的混合所有制经济,是基本经济制度的重要实现形式,有利于国有资本放大功能、保值增值、提高竞争力"[①]。党的二十大强调,要优化民营企业发展环境,依法保护民营企业产权和企业家权益,促进民营经济发展壮大。2023年中央经济工作会议和2024年全国两会期间,习近平总书记强调,完善落实"两个毫不动摇"的体制机制,充分激发各类经营主体的内生动力和创新活力。

第二,构建全国统一大市场。习近平总书记指出,让市场在资源配置中发挥决定性作用,就要"加快建设统一开放、竞争有序的市场体系,建立公平开放透明的市场规则"[②]。构建全国统一大市场是构建新发展格局的基础。习近平总书记指出:"构建新发展格局,迫切需要加快建设高效规范、公平竞争、充分开放的全国统一大市场,建立全国统一的市场制度规则,促进商品要素资源在更大范围内畅通流动。"2021年12月17日,习近平总书记在中央全面深化改革委员会第二十三次会议审

---

① 习近平.习近平谈治国理政(第一卷)[M].北京:外文出版社,2014:78.
② 习近平.习近平谈治国理政(第一卷)[M].北京:外文出版社,2014:117.

议通过《关于加快建设全国统一大市场的意见》中强调,"要加快清理废除妨碍统一市场和公平竞争的各种规定和做法,要结合区域重大战略、区域协调发展战略实施,优先开展统一大市场建设工作,发挥示范引领作用"。2023年1月31日,习近平总书记在中共中央政治局第二次集体学习时强调,"深化要素市场化改革,建设高标准市场体系,加快构建全国统一大市场"。

第三,完善市场经济基础制度。完善市场经济基础制度是构建高水平社会主义市场经济体制的基本保障和内在要求,党的十八大以来,习近平总书记多次论述市场经济基础制度,使其内涵不断得到丰富,也为我国深化经济体制改革、完善社会主义市场经济指明了方向。习近平总书记在党的十九大报告中指出,"经济体制改革必须以完善产权制度和要素市场化配置为重点,实现产权有效激励、要素自由流动、价格反应灵活、竞争公平有序、企业优胜劣汰"。党的二十大报告强调,围绕构建高水平社会主义市场经济体制,加快完善产权保护、市场准入、公平竞争、社会信用等市场经济基础制度。2024年3月5日,习近平总书记在参加十四届全国人大二次会议江苏代表团审议时再次强调:"要围绕构建高水平社会主义市场经济体制,深化要素市场化改革,建设高标准市场体系,加快完善产权保护、市场准入、公平竞争、社会信用等市场经济基础制度。"党的二十届三中全会《决定》提出:"完善产权制度,依法平等长久保护各种所有制经济产权,建立高效的知识产权综合管理体制。完善市场信息披露制度,构建商业秘密保护制度。对侵犯各种所有制经济产权和合法利益的行为实行同责同罪同罚,完善惩罚性赔偿制度。加强产权执法司法保护,防止和纠正利用行政、刑事手段干预经济纠纷,健全依法甄别纠正涉企冤错案件机制。完善市场准入制度,优化新业态新领域市场准入环境。深化注册资本认缴登记制度改革,实行依法按期认缴。健全企业破产机制,探索建立个人破产制度,推进企业注销配套改革,完善企业退出制度。健全社会信用体系和监管制度。"这进一步补充了市场信息披露制度、企业退出制度等作为市场经济基本制度。

第四节 建设社会主义市场经济的几个关键问题

从习近平总书记关于社会主义市场经济的重要论述和当前我国经济社会发展实践中,可以总结出以下几个关键问题:一是充分发挥市场的决定性作用;二是处理好政府与市场关系;三是推动构建高水平社会主义市场经济体制。

一、充分发挥市场的决定性作用

社会主义市场经济是社会主义与市场经济的辩证统一,建立和发展社会主义市场经济必须将市场经济与社会主义有机地融为一体。习近平总书记在马克思《资本论》基本原理和方法论的基础上明确指出,经济发展落后的国家在社会制度上能够越过"卡夫丁峡谷",并不等于它们在经济发展上也必然能够越过商品经济的"卡夫丁峡谷",发展商品经济成为必由之路;国际共产主义运动的实践也充分证明,商品经济是那些经济基础薄弱、发展落后的社会主义国家不可逾越的发展阶段,俄国如此,由半封建、半殖民地社会进入社会主义社会的中国更是如此。既然在社会主义初级阶段乃至整个社会主义阶段都离不开商品经济特别是发达的商品经济,这就决定了社会主义与市场经济必然是相容的。

改革开放以来,我国经济社会发展的历史和实践都表明,社会主义市场经济是与社会主义初级阶段相适应的资源配置方式。使市场在资源配置中起决定性作用,实质就是让价值规律、竞争和供求规律等市场机制在资源配置中起决定性作用,必须紧紧围绕市场在资源配置中起决定性作用全面深化经济体制改革,塑造与市场发挥资源配置决定性作用相适应的微观主体,并加快完善现代市场体系。

发挥市场的决定性作用要持续深化市场化改革。市场经济体制改革的关键是政府,首先就是"管得住",也就是说,我们的整个政府职能要到位,不能缺位。同时市场的这种发展和培育,需要政府来进行市场失灵的弥补。其次也要"放得活",要激活微观主体活力,允许市场进行试错。党的二十届三中全会《决定》进一步强化了市场化改革的方向,细化了高水平社会主义市场经济体制的具体举措,包括加大对民营经济的扶持,提出要制定民营经济促进法、进一步放开对民营经济的市场准入、激发民间资本的活力等。明确了国有企业的战略定位,明确推动国有资本向关系国家安全、国民经济命脉的重要行业和关键领域集中,向关系国计民生的公共服务、应急能力、公益性领域等集中,向前瞻性战略性新兴产业集中。要求国企向三大领域集中,要求国企聚焦主营主业,这为其他所有制经济公平竞争提供了很好的空间。对于构建全国统一大市场,细化了相关体制机制改革。比如,打破地方行政垄断、反垄断和不正当竞争、促进要素自由流动等。

发挥市场的决定性作用需要规范市场秩序,处理好资本和权力的关系。从市场经济 400 年的历史、从美国等国家发展的历史来看,规范资本是市场经济发展的必然步骤，也是市场经济逻辑的必然产物。虽然我们的市场经济有自己的特色，但与一般市场经济也有相通之处。所以，类似的问题也要引起我们的警惕。其中，第一个重点是要从根本上处理好资本与权力之间的关系，让市场归市场，让市场在资源配置中起决定性作用，政府更好地发挥作用，这也是十八大以来一个很重要的改革目标。如果资本与权力进行"联姻"，任何秩序都无法形成。第二个重点是要在劳工与资本上形成一种相对的平衡，不能一边倒。社会的进步不是以资本的壮大为标志，而是以人民福祉的扩大为标志。第三个重点是对于垄断发展现象要有所节制。第四个重点是要规范金融秩序。从历史上可以看到，目前要从过去高速发展、资本扩张的状态进入一个新阶段，要经过反腐倡廉、资本市场整顿、金融市场整顿、反垄断，使我们社会主义市场经济的秩序良性化。

二、处理好政府与市场关系

自市场经济诞生以来，放眼全球，在发展市场经济过程中，如何让市场"看不见的手"与政府"看得见的手"协同发力，堪称经济学的世界性难题。西方国家要么以"市场失灵"为理由要求加强政府调控，要么以"政府失灵"为噱头攻击政府作用，主张自由主义经济学说，将政府与市场关系置于一种二元对立的状态。这导致西方国家始终缺乏科学的经济发展模式，难以实现经济的长期稳定发展。与之相比，改革开放以来，中国取得了举世瞩目的增长奇迹，经过30多年的改革开放，到十八大之前，我国社会主义市场经济体制不断完善，市场化程度不断提高，但仍然存在市场体系不完善、市场规则不统一、市场秩序不规范、市场竞争不充分的问题，仍然存在不少束缚市场主体活力、阻碍市场和价值规律充分发挥作用的弊端。面对经济发展新常态下出现的新形势、新问题、新挑战，进一步完善社会主义市场经济体制需要处理好政府与市场的关系，对这一问题的认识和应对是习近平经济思想的重要原创性贡献。

西方经济学由市场失灵引出政府与市场关系，亚当·斯密在《国富论》中提到政府的职能主要有三项：一是保护本国社会的安全，使之不受其他独立社会的暴行与侵略；二是保护人民，不使社会中任何人受其他人的欺负或压迫；三是建立并维持某些公共机关和公共工程。即维护国家安全、维护社会稳定和提供公共服务。随着经济大萧条的爆发和凯恩斯主义经济学的兴起，政府的经济职能变得重要起来，主要是通过财政政策和货币政策调节经济波动。而我国所要实现的政府与市场关系的有机统一超越了西方政府与市场关系的简单"二分法"，突破了以市场失灵为基础的政府"守夜人"角色定位。中国的市场经济是在政府主导下逐步建立的,通过持续深化改革和开放来形成相对竞争的市场主体、市场制度以及市场体系。妥善发挥政府作用是处理好政府与市场关系的关键,要通过改革重塑政府的职能和边界,从党的十八大起,习近平总书记主持召开了70多次中央深改领导小组和中央深改委会议,持续推动经济体制改革,调整优化政府与市场关系。

首先,转变政府职能,建设法治型和服务型政府,为市场在资源配置中起决定性作用创造良好环境。政府应该有所为有所不为,减少对微观事务的管理,把不该由政府管理的事项转移出去,把该由政府管理的事项管住管好。要不断提高政府服务效能,营造市场化、法治化、国际化营商环境,更好维护市场秩序、弥补市场失灵。市场经济本质上是法治经济,要毫不动摇巩固和发展公有制经济,毫不动摇鼓励、支持、引导非公有制经济发展,保证各种所有制经济依法平等使用生产要素、公平参与市场竞争、同等受到法律保护,促进各种所有制经济优势互补、共同发展。

其次,健全宏观经济治理体系,发挥好政府动态配置资源的作用。科学的宏观调控、有效的政府治理是发挥社会主义市场经济体制优势的内在要求,必须完善宏观调控制度体系,增强宏观政策取向一致性,做好经济逆周期和跨周期调节。政府引导资源配置主要表现在以下几个方面:

(1)科学编制并有效实施国家发展规划。这有利于保持国家战略连续性、稳定性,集中力量办大事,确保一张蓝图绘到底。用中长期规划特别是五年规划(计划)指导经济社会发展,是我们党治国理政的重要方式。从"十三五"到"十四五",尽管我国发展面临的国内外形势更加错综复杂,但我国战略意图始终清晰明确,政府工作重点鲜明且有序,对市场主体行为有着透明的规范引导,对未来一段时期内的发展目标有着坚定的实施方略。

(2)全面加强基础设施建设。营造良好的营商环境能够为市场配置资源提供"软支持",加强基础设施建设则能够为市场配置资源提供"硬支撑"。一方面,要提升传统基础设施水平;另一方面,要加快新型基础设施建设。同时注重统筹城乡和区域基础设施建设,比如,农村和边远地区的物流设施建设使农村电商等新的经济业态得以形成,有效拓展了市场的边界。

(3)健全新型举国体制,促进高水平科技自立自强。科技自立自强的国家战略科技体系以新型举国体制为核心,在科技创新举国体制中,要有效处理政府与市场之间的耦合。政府的角色在很大程度上决定了创新生态体系的构建以及生态体系在不同发展阶段的特点,因此,在复杂的动态交互过程中,如何处理政府与市场之间的关系是重中之重,最高级的形态是政府在其中全面发挥润物细无声的作用。一是强化顶层设计构建核心资源,加强基础研发;二是加强政、产、学、研等多元主体之间的协调;三是壮大耐心资本,为科技创新提供金融支持。

当前,在推动科技创新和发展新质生产力的实践中,我们可以更为明显地看到政府与市场的有机结合。党的二十届三中全会《决定》中明确要强化企业科技创新主体地位,体现了以市场为导向的科技创新。与此同时,也需要健全新型举国体制,一方面,强化基础研究,需要政府加大资金投入,建设国家实验室、高水平大学、科研机构;另一方面,为了适应新一轮科技革命和产业革命的趋势,应对百年未有之大变局、大国博弈,需要抓住战略主动权,一些重点产业的发展需要凸显战略性和前瞻性,这也并非单靠市场力量就能实现。发展新质生产力,同样也需要市场和政府共同发力。比如,在推动基础研发往产业化应用场景转换时,一方面需要鼓励和规范发展天使投资、风险投资、私募股权投资,另一方面也需要发挥好政府投资基金作用,发挥耐心资本的作用。

三、推动构建高水平社会主义市场经济体制

目前,我国仍存在市场体系还不完善,政府管理不完备,在一些关键技术、核心技术上还有短板等问题。要解决这些问题,就必须进行经济体制改革。因此,党的二十届三中全会在各种改革举措中把构建高水平社会主义市场经济体制放在第一位。高水平,就是要使市场发挥更大的效率,使市场环境更加公平、更有活力;同时使政府能够更加聚焦于市场失灵、市场秩序,为市场的活力和动力创造各种条件。进一步深化经济体制改革,必须找准市场功能和政府行为的最佳结合点,推动有效市场与有为政府更好结合,切实把市场和政府的优势都充分发挥出来,构建高水平社会主义市场经济体制。坚持和落实"两个毫不动摇",促进各种所有制经济优势互补、共同发展,鼓励各类经营主体弘扬企业家精神,加快建设更多世界一流企业。构建全国统一大市场,包括构建城乡统一的建设用地市场,培育全国一体化技术和数据市场,建立健全统一规范、信息共享的招标投标和政府、事业单位、国有企业采购等公共资源交易平台体系,健全一体衔接的流通规则和标准,建设全国统一电力市场,健全劳动力、资本、土地、知识、技术、管理、数据等生产要素由市场评价贡献、按贡献决定报酬的机制等。完善市场经济基础制度,包括加强产权保护、信息披露、市场准入、破产退出、信用监管等。

（一）坚持党对经济工作的集中统一领导

党的领导是中国特色社会主义的本质特征，是中国特色社会主义制度的最大优势，构建高水平社会主义市场经济体制，必须坚持党对经济工作的集中统一领导。

党的领导为构建高水平社会主义市场经济体制提供了坚定的政治方向和正确的理论指导。在党的领导下，我们可以确保市场经济体制的改革和发展始终符合社会主义初级阶段的基本国情，坚持和完善社会主义基本经济制度，确保公有制经济的主体地位，同时鼓励、支持和引导非公有制经济的发展。党的领导确保了经济政策的连续性和稳定性，能够保证经济政策的科学制定和有效执行，为市场经济的稳定运行提供坚实的政策基础。宏观经济治理体系是自党的十八大以来我国进行探索性改革的一个成果，也是党管经济的全面体现，以及政府体制在经济领域的全面体现。党的领导有助于协调各方面的利益关系，减小改革阻力，推动经济实现更加均衡、全面地发展。党的领导还能够推动经济体制改革的深化，促进市场经济体制不断完善，能够根据国内外经济形势的变化，及时调整和优化经济政策，提高资源配置效率，激发市场活力和社会创造力。

（二）坚持和落实"两个毫不动摇"

"两个毫不动摇"在党的十八大之前已经被提出，在十八大之后，习近平总书记围绕着"两个毫不动摇"进行了全面强调，也制定了相应的政策和法律来推进"两个毫不动摇"。党的二十届三中全会进一步聚焦了改革中面临的一些关键问题。对于国有经济的功能性定位、战略性布局，党的二十届三中全会《决定》提出，不仅要求向一些战略性、国计民生性的行业集中，同时也要求向一些创新性、原创性的产业聚焦，使国有企业的功能更加明确。对于民营经济来说，通过民营经济促进法将发展民营经济上升到法律的层面，将一些关键设施、关键技术平台、重大科技攻关项目等全面向民营经济开放，都是我国坚持和落实"两个毫不动摇"在当前的具体实践。

（三）加快构建全国统一大市场

一是要对地方保护主义进行约束，破除地方政府为自身利益最大化所设计的只适应本区域的一些规章制度。因为这些制度虽然有利于本区域的一些发展，但是它使全国市场碎片化、条块化。二是对各个部门的一些监管举措、行业规则要进行规制和统一，不能妨碍产品要素自由流动、自由进出。三是市场主体进入市场和退出市场的成本要大幅度降低。市场出清是市场发挥作用的一个关键。市场主体肯定是有生有死的，破产企业一定要退出，大量的僵尸企业一定会妨碍市场价格信号的形成。四是对要素市场进行构建，破除一些新要素进入市场的障碍。

第二章

世界不同市场经济模式的比较研究

建立和完善社会主义市场经济体制是我国进一步深化经济体制改革的一项重要内容。自1978年改革开放至今,我们国家从理论到实践,不断突破社会主义与市场经济相互对立的传统理念和做法,取得了经济社会建设的显著成就。这充分说明,社会主义市场经济是可以同社会主义基本制度结合在一起的,既可以发挥市场经济的长处,又可以发挥社会主义制度的优越性。习近平总书记曾指出,在社会主义条件下发展市场经济,是我们党的一个伟大创举。党的十八大以来,面对纷繁复杂的内外部环境,我们继续坚持全面深化改革,不断完善社会主义市场经济体制,在社会主义和市场经济的融合发展上走出了一条前无古人的道路。习近平总书记曾强调指出:"我们是在中国共产党领导和社会主义制度的大前提下发展市场经济,什么时候都不能忘了'社会主义'这个定语。之所以说是社会主义市场经济,就是要坚持我们的制度优越性,有效防范资本主义市场经济的弊端。我们要坚持辩证法、两点论,继续在社会主义基本制度与市场经济的结合上下功夫,把两方面优势都发挥好,既要'有效的市场',也要'有为的政府',努力在实践中破解这道经济学上的世界性难题。"因此,我们既要搞清楚现有资本主义市场经济,尤其是发达资本主义国家市场经济的优势,也要看到它们内在固有的弊端,从而在建设我国高水平的社会主义市场经济中取长补短,促进我国经济社会的高质量发展和现代化的实现。以下就从发达国家的市场经济模式和发展中国家的市场经济模式的发展历程、模式特征及其存在的问题等视角加以分析,以期为我国建设高水平社会主义市场经济提供借鉴。

第一节　发达国家的市场经济模式

对于发达国家而言,政府和市场间关系是划分市场经济模式的重要依据。从资本主义萌芽初期市场经济的确立,到如今市场经济在发达资本主义国家的演化,不同国家或地区所采取的市场经济模式大体可以划分为三类,即自由市场导向型、政府干预导向型和社会调控导向型。当然,这三种模式由于各国经济的演化发展和相互融合,也出现了许多新变化,已经不再像过去那样纯粹地表现为某一种形式,而是更加复杂和多样化。以下针对三种市场经济模式的特征及采用该模式代表性国家的市场经济政策分别加以概述。

一、自由市场导向型

(一)主要特征

1. 主张私有财产神圣不可侵犯,成为自由市场导向型市场经济的基础

自由市场导向型市场经济以私有产权作为基础,即在这种体制中,个人权利不可转让,私有财产神圣不可侵犯。欧洲社会的启蒙思想家和政治经济学家对自由的价值和意义给予了全方位的论述,以个人对自身拥有天赋的"自我所有权"观念为基础,论证私有财产权的正当性以及它所隐含的个人自由权利在市场经济中的拓展等,对市场经济制度的改革方向产生了重大影响。在自由市场导向型的制度之下,政府的责任是保护个人财产,而不是干预经济活动和保障人民福利。[①]法律保护私人对财产的占有、使用、收益和处分的权利,这种不受限制和强硬的私有财产及自由交易的权利成为自由放任经济制度的关键。在此基础上,市场经济的自由放任便主要由家庭或个人以及企业在市场中发挥其主体作用而体现。人的自利性,即"经济人"假设所体现出的人的利己性,成为自由市场导向型市场经济中人的行为的动力来源。

2. 自由企业制度占据主导

---

① 雷芳,张志兵.英国自由放任经济发展战略述评[J].湖南科技大学学报(社会科学版),2011,14(06):97—101.

在自由市场导向型市场经济模式中,国家将市场视作一切经济活动的中心。作为经济微观主体的企业享有比较充分的自主决策权,政府没有权力直接干预企业的日常经营活动,将国家的职能限定在抵制外来侵略、维护国内治安和兴办公共工程三大领域。绝大部分市场上的生产、经营、销售、分配等经济活动由企业根据市场情况按照法律规定自主决策。因此,在自由市场导向型市场经济模式中,经济运行更多依赖于作为市场主体的企业组织主动适应市场环境的能力,企业适应市场波动的能力直接影响着国家经济的整体运行。

3. 以"看不见的手"作为资源配置的几乎唯一手段

英国、法国通过资产阶级革命建立资本主义市场经济之后,资产阶级力量要求废除存在于封建皇室、政府之中的特许垄断权,建立平等的市场经营环境,同时取消行业垄断、打破传统商会的特权,鼓励市场竞争和自由贸易。在破除重商主义对经济的影响之后,广泛采取了"自由放任"的市场经济模式,通过"看不见的手",也就是价格机制来调节供求、配置资源。政府不再做出任何干预经济的举措,只负责国家安全、基本的治安维持、调解纠纷等事宜。

(二)典型国家及其具体政策举措

1. 17—19 世纪英国的自由市场导向型市场经济

基于生产力发展和产业结构调整的现实需要,英国诞生了资本主义自由放任的市场经济模式。从 17 世纪后半叶开始,英国工场手工业进入高潮期,社会财富的增长从单纯地表现为货币积累到更加重视生产过程中创造的物质产品的不断扩大。贸易不再被视作财富的唯一源泉,除国际贸易以外的农业、工业以及其他产业尤其是工场手工业的发展迫切需要资本的加入,社会公众对财富源泉的关注从流通领域转移到生产领域。19 世纪 30 年代后期,资产阶级工业革命基本落下帷幕,英国社会大机器生产基本取代了工场手工业,完成了从传统农业社会向工业社会的转型[①],资本主义生产方式的变革带来了社会劳动生产率的提高,单位产品所凝结的社会必要劳动时间下降,使当时的英国真正成为其他国家都无法与之相比较的"世界工厂"。1846 年 6 月,英国议会通过了皮尔首相关于废除《谷物法》的提案,标志着重商主义时代的结束。正如马克思所说"保护关税制度不过是为了在某个国家建立大工业的手段"[②],重商主义使英国建立起工业化和世界贸易的先发优势,

---

① 郭继兰. 曼彻斯特学派与英国经济自由主义[J]. 史学月刊,2010(06):68—76.
② 马克思,恩格斯. 马克思恩格斯选集(第 1 卷)[M]. 北京:人民出版社,1995:229.

而英国生产力水平的不断提升和维持这种世界领先地位先发优势急切需要打破传统的世界贸易壁垒，让经济在一种宽松的环境中发展，更重要的是能够借助"自由贸易"的名义占领广阔的世界市场。

在此背景下，自由放任的经济理论和维护自由市场的政治制度也得以建立起来。新兴的资产阶级取代旧的封建贵族掌握了民族国家的政治权力，工业革命中成长起来的新阶级力量力图改造国家政治经济政策以实现自身的利益最大化。18世纪以来，重商主义逐步被自由贸易理论所取代，包括威廉·配第、亚当·斯密在内的古典政治经济学家强调经济运行是"自然规律"，国家干预不能违背"自然规律"，国家或政府只能充当"守夜人"。英国工商界人士、以边沁为代表的"哲学激进派"（philosophical radicals）议员群体以及李嘉图等联合塑造起"自由市场和自由贸易"的神话，而之后的曼彻斯特学派更是进一步突破了古典经济学理论的限制，把经济自由主义推举到前所未有的程度。启蒙思想的广泛传播使得个人自由至上、天赋人权的观念也影响了经济体制的改革方向。当时的具体经济政策举措如下：

一是从行政体制层面推进改革。从17世纪末开始，为顺应新的经济形势和经济环境需要，英国政府逐渐放弃一些旧的规章制度并进行了体制改革，其中包括国会、文官、自治市等方面。工业革命所带来的阶级力量变化尤其是私人资本家的大量出现，推进了英国政府职能部门的改革进程，两个世纪后，英国政府的管理模式和整体结构相较于17世纪而言已经截然不同。

二是从法律层面放松限制。自中世纪以来，英国对经济发展设立以及为新兴企事业设定的各种限制性立法逐步废止，17世纪末重商主义时期的法律不再被强制执行。1721年英国立法改革的基本原则是，保证厂商的产品在国内免受国外制成品的竞争以及给予出口补贴以鼓励本国工业制成品的出口。18世纪末期，存在于多个产业领域的限制性法律也被逐步取消，迈入19世纪，对外贸易层面取消保护性关税。如1846年《谷物法》被废除后，英国逐步从旧的保护性关税转向自由贸易所采取的对外政策。1849年废除《航海法》、1857年《航海法》的最后残余即沿岸贸易的垄断权被消除，从法律层面正式步入了自由放任的经济时代。

三是从货币金融层面推行自由化。1832年后的10年间，英国议会"用了6年时间来考虑如何改善英国的银行制度"[①]。英国政府在面临1847年危机时选择暂

---

① 中国社会科学院世界历史研究所.新编剑桥世界近代史(第10卷)[M].北京:中国社会科学出版社，1999:53.

停1844年的《银行特许条例》,允许英格兰银行发行一定量没有贵金属做保证的纸币,同时由于利息率的提高吸引了大量欧洲大陆投资者把资本投入英国市场,有效缓解了英国金融市场的危机。在1847年危机证明有弹性的银行贴现率的有用性后,1854年英国政府颁布法令废止《高利贷法》[①],逐步放开金融保险业的限制。宽松的金融环境也推动英国成为欧洲的金融中心,大量外资金融机构快速流入或设立分支机构,是英国金融领域自由化的重要体现。

2. 18—19世纪法国的自由市场导向型市场经济

法国大革命不仅对法国的政治体制改革产生了冲击,摧毁了封建专制制度,同样带来了经济政策的转向、政治体制的重组、社会阶级的重新调整以及经济体系的彻底颠覆。自1761年对西班牙的宗族协定以及同年美洲殖民地对外港口开放起,法国的传统重商主义政策逐步被自由主义所取代。法国推行自由市场导向型市场经济体制的原因与英国大致相似,并且在很大程度上受到了来自英国的影响。

在柯尔贝尔主义的长期影响下,法国长期将整个国家作为一个整体并在国家范围内制定实施政策,虽然与建立君主制政府的倾向一致,但其中包含了经济自由主义的萌芽。在萨伊等经济学家的领导下,自由主义的学术话语权逐渐占据主导,要求在经济领域实现更大范围的自由,对政府施政产生了一定的影响。当时的具体经济政策举措如下:

一是政治体制层面,法国的资产阶级革命者将"摧毁专制政权"与"实行更加自由放任的市场经济体系"放在同样重要的位置。法国对经济体制改革采取自由放任的态度几乎同当时的英国政府一样,特别是在第三共和国时期。尽管政局不稳、帮派林立,法国国内基本上还是采取稳固的"小政府"的官僚机构治理方式,尽可能少地发挥政府的监管作用,"小政府"的财政预算主要包括一般管理、法律和治安、教育以及交通等基本民生方面的开支。

二是经济主体发展层面,这一阶段法国整体经济运行以多决策中心为基础,私有经济占主导地位,私有企业职工人数占就业总人口的70%以上。[②]法国政府积极鼓励私人企业的成立和发展,鼓励创办商学院、推动市场信息流通和公开竞标等措施,促进了市场经济的形成和发展。

三是金融和货币体系层面,法国通过建立国家银行规范货币发行和金融监管。

[①] 克拉潘. 现代英国经济史(中卷)[M]. 姚曾廙译. 北京:商务印书馆,1999:517.
[②] 杨心宇,项治平,赵卫忠等. 德法两国市场经济的模式和法律制度[C]. 1998年政府法制研究会议论文集,1998:37.

1984年法国颁布了《银行法》，致力于建立一个适用于所有信贷机构的法律框架，便于统一规定和管理信贷业务。同时，法国政府积极增强金融体系的稳定性和透明度，通过财政政策和税收改革减轻个人企业的经营负担，鼓励个人的投资和创业行为。以货币供应增长指标、利率水平、汇率水平和金融资金提供手段这四大指标为基准制定国内的货币政策，以实现保持经济增长、充分就业、通货稳定和国际收支平衡的宏观经济目的。

四是自由贸易层面，1790年政府颁布了国内商品自由贸易的法令：在取消旧省、建立新省的基础上，宣布废止过去严重束缚国内市场的地方关卡厘金和过境费。之后，伴随法国工业发展水平的提升，在自由贸易促进协会和《自由贸易报》的推动下，法国的自由贸易运动获得越来越多的支持。到19世纪中期，自由进程得到进一步推进。

除此之外，南北战争后直至19世纪末的美国在资本主义制度逐步稳定后也进入了自由竞争资本主义时代，自由市场导向型市场经济如同英国、法国等老牌资本主义国家一样，成为美国当时市场经济的主要类型。之后，美国的众多追随者，尤其是一些小的国家或地区也采取了类似的自由市场导向型市场经济，但由于不具有典型意义，在此不予举例赘述。自"二战"以来，垄断成为资本主义的主要特征，这种纯粹自由市场导向型市场经济越来越少，在主要发达资本主义国家中已经不复存在，大部分国家转向了混合市场经济模式。

二、政府干预导向型

（一）主要特征

在垄断资本主义阶段，以政府干预为主导的模式应运而生，这源自以凯恩斯主义为典型代表的宏观经济学所进行的政治与经济架构设计，其核心理念在于政府应当通过财政政策和货币政策等多元化手段，调控市场经济的运行，以弥补市场机制的内在不足，由此达成经济的持续且稳定的增长态势。自20世纪30年代至70年代初，欧美等发达国家普遍采纳了这一政府职能范式。政府干预导向型的特征主要体现在以下几个方面：

1. 政府调控与市场竞争机制相结合

在认可市场机制对经济的基础调节作用的同时，国家利用宏观调控手段保障市场机制的有效运作。作为资源配置的主要途径，市场将各类交易活动紧密相连。

针对市场存在的不足,政府采取法律法规与经济政策等措施,实施间接性的管理。①此类适度且高效的政府调控,构成了市场经济体制下国家经济发展的重要基石。

2. 财政政策和货币政策是最主要及经常使用的调控工具

依据凯恩斯经济学理论,并且在"罗斯福新政"实践的基础上,发达国家在市场经济的基础上建立起了规范的财政体系和发达的金融体系。② 财政政策主要是通过税收和政府补贴等手段来调节总需求,货币政策则是通过货币供应量和利率来调节总需求,最终通过实现有效需求来促进经济增长。通过财政体系和金融体系的这些制度安排,政府能够运用财政政策和货币政策灵活地对经济进行精准调控。

3. 政府实施经济调控的领域包括国有企业和公共部门

由于这些部门在基础设施、基础产业和社会生活等领域发挥着关键作用,政府干预得以有效实施。一方面,通过在国有经济部门采取指令性计划的方式安排生产,政府在经济决策中拥有比较大的影响力,借助国有企业与公共部门的成长,政府不仅能够有效应对就业难题,而且能够通过调控国有企业与公共部门来实现市场供需平衡。另一方面,利用国家经济职能的施展,国家财政收支在国民经济中的占比得以提升,同时对私人经济决策的权力施加了一定程度的约束,市场机制的自发作用也通过国家的干预和调节措施得到了校正与补充。此外,政府在提供公共服务和基础设施方面的作用也显得尤为重要,这些领域往往需要大量投资且回报周期较长,更适合由政府来承担。

(二)典型国家及其具体政策举措

1. 20世纪中后期及其之后的美国

美国主要采用自由市场经济体制与政府有限干预相结合的模式。在宏观经济调控层面,美国政府并未追随西欧诸国对私营工业领域进行国有化的路径。相反,其更倾向于运用间接调控,诸如制定并推行特定的财政政策和货币政策,旨在引领国民经济总体指标向政府既定的目标迈进。回溯美国历史,自由竞争在20世纪初引发了严重的经济衰退,对美国经济产生了深远影响。紧接着,在20世纪30年代,面对经济困境的重压,罗斯福政府推出了"新政",这标志着美国步入了政府短期经济干预的新纪元。自"二战"结束至20世纪70年代,这种政府经济调节的方式逐步得到强化与稳固。具体政策举措如下:

---

① 吴一丁.发达国家市场经济宏观调控的比较与借鉴[J].学术探索,2004(10):39—41.
② 谢汪送.比较与借鉴:发达市场经济国家的宏观调控模式[J].经济视角(下),2008(04):9—14.

一是在宏观经济调控领域,政府决策与执行机构发挥着至关重要的作用。这些机构在美国总统的直接领导下各司其职:财政部主要负责政府融资活动及财政政策的推行;联邦储备系统则担当货币流通、银行业务监管的重任,同时兼管政府债券、利率及贴现率的设定;农业部致力于解决农产品过剩问题,制定农业补贴政策,并通过多种途径对农业生产进行调节;教育、卫生与公共服务部则聚焦于社会保障、公共卫生服务及教育事业的发展[1];商务部的职责涵盖全国性经济调查、专利管理体系及进出口贸易管理等多方面事务。在总统的统一指挥下,这些联邦机构共同构成了宏观经济调控与管理的核心力量。

二是美国政府对市场经济的宏观调控主要依托于财政政策与货币政策双管齐下。在财政政策方面,其涵盖财政收入与支出两大维度。具体而言,在收入上,政府倾向于利用税收政策作为杠杆,既鼓励和支持对国民经济具有关键作用的产业部门,又限制那些不宜急剧扩张的行业,以此促进产业与区域政策的有效实施。同时,政府预算支出的调整也对整体经济活动产生相应的调节作用。至于货币政策,美国政府则通过调整法定存款准备金率、变动贴现率及执行公开市场操作等手段进行调控。这些措施的核心在于,通过调节货币供应的总量,以达到刺激或抑制经济活动的目的,确保经济的稳健前行。美国政府综合运用财政政策与货币政策,根据经济周期的变化灵活进行市场经济的短期调控。

三是法律在宏观经济调控中扮演着关键角色,是确保调控有效实施的重要保障。利用立法与行政管理措施,能够有效制约市场垄断现象,进一步促进中小企业的成长,为市场营造一个良性的竞争环境。为了促进国家经济的增长,美国政府采纳了两项核心干预策略:(1)瓦解市场垄断并保护市场竞争机制;(2)积极促进中小企业的发展,旨在建立一个高度竞争的市场结构。在针对市场垄断的破解上,美国政府的首要任务是强化立法,清晰划定各类市场垄断行为及其潜在阻碍竞争的行径。与此同时,美国政府大力支持中小企业的发展,激励它们踊跃参与市场竞争,这成为打破市场垄断的有效方式。为此,美国政府从管理指导、资金援助和技术支持等多个层面为中小企业提供全面的扶助与多方位的服务。

在宏观经济调控中,美国政府一贯秉持的原则是确保市场机制得以充分运作。企业的经济行为以市场价格信号为导向,紧紧依靠市场竞争机制;美国政府通过立

---

[1] 徐向艺.比较与借鉴:不同市场经济体制下政府干预模式[J].山东大学学报(哲学社会科学版),2003(05):92—97.

法手段,旨在维护一个健康有序的市场经济环境。

2."二战"后以"莱茵模式"著称的德国

德国采用的是一种结合社会市场经济体制和适度政府干预的经济模式。此模式以私人企业制度和市场竞争为基础,在促进市场经济自由发展的同时,重视个人自由与市场竞争的关键作用,并且倡导政府的宏观调控与适度干预,以纠正市场的不完善性,并实施全面的社会保障体系。[①] 这一旨在平衡经济社会中的公平、效率、发展与稳定的模式,被广泛认知为"莱茵模式"。其具体政策举措如下:

一是保持适度的政府干预。此类干预主要遵循市场原则,采用诸如货币、信贷、财政、税收及外贸政策等工具,实施全面而高效的总体调控,同时竭力规避直接行政干预。德国政府干预的是关键经济领域,这些领域因对国民经济与民众生活至关重要而获得国家保护,可能完全或部分免于市场竞争。例如,农业、铁路、城市交通及邮政等领域即享受此类待遇。具体而言,德国为农业提供慷慨补贴并保障收购,同时利用高额关税壁垒抵御外国农产品入侵。此外,国家还通过调控国有企业产品与服务的价格,间接影响私营企业定价,并根据经济周期波动调整投资策略。同时,国家也执行一定程度的收入再分配政策,如利用财政税收手段调节高收入群体收入、为失业者和低收入家庭提供补助与救济等。此类政府干预在一定程度上填补了私人制度与自由市场经济的空缺,并能有效矫正市场机制可能引发的某些不利影响。

二是采纳独立的中央银行体系。自"二战"以来,不论政权如何交替,德国政府始终将货币稳定置于财政金融政策的首要位置。此重任由德意志联邦银行肩负。为确保联邦银行能有效履行其货币稳定职责,德国已立法确立其相对于政府的独立性,并允许其执行不受政府影响的货币政策。[②] 在货币政策制定与执行过程中,联邦银行不受政府制约,政府无权干预其日常运营。这一安排使联邦银行能够灵活地运用多种货币金融工具来调控经济增长。"二战"结束以来的实践表明,一个依法设立、独立于政府的中央银行,在经济活动中发挥着关键作用,是维护货币价值稳定、遏制通货膨胀的有效机制。

三是遵循事权与财政相匹配的原则。联邦财政系统构建了包含联邦、州和地方三级的多层次体系,其内部权责分配遵循事权与财政均衡的原则。具体而言,这

---

① 鲁全.德国的社会保障制度与社会公平[J].中国人民大学学报,2009,23(02):24—30.
② 邓作义.德国社会市场经济模式的解读与借鉴——对我国完善社会主义市场经济体制的启示[J].长春工业大学学报(社会科学版),2008(03):30—32.

一原则要求不同层级的财政实体根据效率最优的原则来划分特定职责,并据此赋予相应的财政权限。从财政支出的角度来看,联邦层级的事务支出由联邦财政承担,州级事务则由各州财政负责,地方层级也遵循此逻辑。此财政管理原则有效巩固了中央财政的权威地位,中央财政在引导宏观经济方向及解决经济增长障碍中发挥着核心作用。同时,该原则的实施还成功维持了纵向与横向的双重均衡:纵向均衡体现在税收在联邦、州及地方之间的合理分配;横向均衡则体现在州际以及地方间的财政平衡。三级财政通过比例分配共享税,这种机制避免了挫伤地方积极性的情况,因为州与地方经济状况越好,按既定比例获得的税收份额就越多,这实际上进一步激发了地方的积极性。

在"二战"结束后的数十年间,德国经济实现了稳步增长,这一成就的取得,归功于其独特的社会市场经济制度的实施。

三、社会调控导向型

(一)主要特征

1. 财富再分配政策完善

社会调控导向型市场经济的一个显著特征是财富再分配政策的完善性。国家通过实施一系列政策措施,积极缩小贫富差距,确保社会资源的公平分配。这主要体现在严密的税收制度上,税收不仅是国家财政收入的主要来源,更是调节经济、促进社会公平的重要手段。通过设立累进税制、遗产税、赠与税等,对高收入群体征收较高比例的税款,有效遏制财富过度集中,同时利用税收优惠鼓励企业投资和社会公益事业。此外,政府还灵活运用税率调整作为经济杠杆,如在经济过热时提高特定行业的税率,以抑制过度投资和消费;在经济低迷时则降低税率,刺激经济活动,从而实现经济的平稳运行。最后,完备的社会保障制度也是财富再分配的重要组成部分,它确保每个公民在面临生活风险时能够得到基本的生活保障,减少因经济原因导致的社会不平等。

2. 政府在多领域发挥重要的经济作用

在社会调控导向型市场经济中,政府不仅是规则的制定者,也是经济活动的积极参与者和调节者。它通过制订宏观经济发展计划,结合市场机制的自发调节作用,实现资源的有效配置。金融政策和货币政策的灵活运用,为市场提供稳定的货币环境和信贷支持。同时,政府还会根据国内外经济形势,适时调整产业政策、区域发展政策等,通过金融市场和具体项目支持,引导企业投资方向,促进产业结构优化升级。此外,政府还注重技术进步与人力资源的发展,加大对科研创新的投入,鼓励企业技术研发,同时投资教育和职业培训,提升人力资源质量,为社会经济的长期发展奠定基础。在追求经济增长的同时,政府也关注居民生活水平的提升,通过实施收入分配改革、提高公共服务质量等措施,确保经济发展的成果惠及全体人民。这种政府积极发挥经济作用的特征,使得社会调控导向型市场经济能够在保持市场活力的同时,实现经济的平稳发展和社会的全面进步。

3. 强调集体作用与集体决策

在社会调控导向型市场经济中,集体作用与集体决策机制被赋予了重要地位,这体现在经济管理和企业发展的各个方面。该模式鼓励基层员工和管理人员从实际工作中发现问题,并提出改进建议,确保决策过程能够充分反映实际需求和问题。针对提出的问题,组织会跨部门、跨层级地展开讨论会议,邀请相关专家、利益相关方共同参与,确保决策的全面性和科学性。最终决策由领导层集体作出,强调共识与协作,避免个人意志主导,确保决策的合理性和可持续性。这种强调集体作用与集体决策的机制,有助于实现资源的优化配置和经济的平稳发展。

4. 保证竞争秩序,加强社会指导,注重社会稳定与保障

社会调控导向型市场经济强调在维护市场竞争活力的同时,也要确保社会秩序的稳定和公民福祉的提升。它通过立法和执法手段打击不正当竞争行为,保护消费者权益,营造公平、透明的市场环境。同时,政府通过发布行业指导政策、技术标准等,引导企业发展方向,促进产业升级和技术创新,同时关注环境保护和社会责任。此外,该模式还不断完善社会保障网络,提高公共服务水平,如教育、医疗、住房等,确保社会成员的基本生活需求得到满足,增强社会整体稳定性。这种注重竞争秩序、社会指导和社会稳定与保障的特征,使得社会调控导向型市场经济能够在保持经济活力的同时,实现社会的和谐与稳定。

(二)典型国家及其具体政策举措

1. "二战"后的日本

首先,农业土地改革是这一改革进程中的关键环节。通过废除寄生地主制度,日本政府不仅打破了长期以来的半封建经济结构,还实现了土地的再分配。这一政策不仅提升了农业生产力,也为农村人口的经济自主性奠定了基础,促进了小农经济的繁荣。这种土地改革从根本上改变了农村经济的权力关系,使得小农户成为经济发展的积极参与者,为市场提供了丰富的劳动力资源,并为后来的城市化与

工业化打下了基础。

其次,财阀解体政策的实施是日本政府为打破经济垄断、建立公平竞争环境而采取的重要举措。这一政策的根本目的在于重构经济权力结构,鼓励多样化的经济主体参与市场竞争。通过拆分和限制大型财阀的影响力,政府不仅增强了市场的活力,还促进了中小企业的发展,这些企业在创造就业和推动技术创新方面扮演了重要角色。这种政策反映了对资本集中现象的深刻反思,强调了市场经济中个体与法人在资源配置中的重要性。劳资关系的民主化改革则进一步推动了社会经济的和谐发展。通过法律和政策的支持,工人权益得到了有效保障。这不仅提升了劳动者的生活水平,也促进了企业内部的凝聚力和生产效率。这一改革推动了企业管理模式的转变,使得企业在追求利润的同时,更加关注社会责任和可持续发展。在宏观经济政策层面,日本政府展现了与其他发达国家不同的调控方式,特别是在"经济计划"和"产业政策"方面的独特运用。经济计划不仅为资源分配提供了清晰的指导方向,还通过对经济发展进行系统性预测与规划,使政府能够在市场经济中发挥积极的引导作用。年度、中期和长期的计划实施,确保了各个经济部门的协调发展,增强了政策的连贯性和可操作性。产业政策的细分使得政府能够针对不同行业的特性进行有效干预,支持战略性产业的发展,以应对全球竞争的挑战。通过产业结构政策,政府能够及时调整行业发展重心,重点扶持那些具有国际竞争力的战略性行业,推动国内市场与海外市场的有效对接。同时,产业合理化政策则聚焦于科技的系统性升级,通过促进创新与技术应用,提升了日本在全球市场中的竞争地位。

此外,行政指导作为一种独特的政策工具,体现了政府与企业之间的合作与互动。虽然这一模式并不具有法律强制性,但通过直接沟通与协商,政府能够有效引导企业的行为,实现经济政策的有效落地。这种方式不仅增强了企业对政府政策的响应能力,也促进了企业之间的合作,形成了良好的经济生态。

2. 瑞典(20世纪60年代到80年代)

1929年,全球资本主义经济遭遇了严重危机,这股风暴随后席卷至瑞典,导致瑞典民众对自由主义理念深感失望。在此背景下,瑞典社会民主党于1932年的大选中成功赢得了104个席位,并自此开启了在瑞典长达三十余年的连续执政历程。在此期间,该党迅速推动了一系列社会福利法律的通过,包括1935年的退休金法案、1938年的带薪休假法案,以及1955年的公共医疗保险法案。随着工业化和城市化的加速发展,社会生产能力和财富积累不断提升,加之瑞典在两次世界大战期间均未遭受战火侵袭的特殊历史条件,为北欧高福利模式的构建提供了坚实的物质基础。至20世纪60年代,该模式的基本框架已经全面确立。其具体经济政策举措如下:

一方面是私有制与国家所有制相结合。这种经济结构使得私营企业在市场中具有活力和创新能力,同时国家通过调节和监督,确保市场运作不至于造成消费者权益的剥削和社会不平等。这一机制不仅支持了经济增长,还增强了社会凝聚力,促进了国民的整体福祉。在合作社经济的迅速发展中,瑞典展现了集体经济在现代市场中的潜力。合作社不仅是一个商业实体,更是社会责任和公民参与的体现。通过合作社,消费者能够在更公平的环境中获得产品和服务,生产者则能在保护自身利益的同时,参与到更大范围的经济合作中。

另一方面是较为完善的社会保障体系。其七大领域的全面覆盖确保了从摇篮到坟墓的社会安全网,使得每位公民都能在生活的各个阶段享受到基本的保障。养老保险结合国家基本养老金与补充养老金的设计,既反映了对老年人尊严的重视,也激励了年轻一代为未来的生活做出规划与准备。医疗保险制度要求年满16岁的公民必须参保的政策,确保了医疗服务的普遍可及性。个人在就医时仅需承担25%的费用,使得高质量的医疗服务不再是少数人的特权,而是每个人的基本权利。这种制度不仅提升了国民的整体健康水平,也降低了因病致贫的风险,进一步增强了社会的稳定性。失业保险制度的建立与完善,使得瑞典能够有效应对经济波动所带来的挑战。通过提供失业救济、职业培训和再就业服务,该制度不仅帮助失业者渡过难关,还促进了人力资源的有效利用。这一系统的存在,不仅减少了失业对个人和家庭的冲击,也维护了整体经济的活力,避免了由于失业导致的消费萎缩和经济衰退。

通过上述各个方面的努力,瑞典较为完整地构建了一个兼顾经济发展与社会公正的综合性体系。这种模式不仅在应对市场失灵、社会不平等和经济波动方面表现出色,还为其他国家提供了可借鉴的经验。在全球化的背景下,瑞典的成功案例激励着其他国家探索适合自身国情的发展路径,以实现更高水平的社会福祉和可持续经济增长。

四、21世纪以来西方混合经济模式的发展

进入21世纪之后,世界上主要发达经济体如英国、美国、德国、法国、日本等在

市场经济模式上也在不断融合变化,纯粹的自由市场导向型市场经济模式也好,政府干预导向型市场经济模式也罢,抑或是社会调控导向型市场经济模式,它们之间的界限已经日渐模糊。混合经济模式几乎成为主要发达经济体共同采纳的经济模式。当然,在各个国家之间还有一些细微的差别,但是,总体上都体现了政府与市场共同发力进行资源配置以促进经济社会发展的做法。

首先,从英国的现状来看,英国曾经是世界上第一个自由市场经济国家。英国作为欧洲第二大经济体、世界第六大经济体,在整个20世纪经历了凯恩斯主义、新自由主义理论的影响,从"二战"后进行国家干预到20世纪80年代撒切尔夫人改革带来的小政府、私有化、金融自由化,进入21世纪后,英国保守党被工党所取代进入了一个新的时期。工党在吸取了过往英国各种新自由主义政策失败的教训之后,提出了走"第三条道路"的主张,也就是既反对国家过度干预,也反对自由放任,这就是"第三条道路"的含义。如布莱尔、布朗时期都力图使政府成为促进整体经济稳定、保障民生与就业、维持金融市场恰当功能的主体,并且减少直接行政干预,主要通过法治来调控经济系统。他们的政策取得了一定的效果,促进了英国经济的稳定发展。所以,从经济模式来看,英国的市场经济模式在进入21世纪后可以称之为一种新型混合经济模式。

其次,从美国的现状来看,美国也是在经历了"二战"后罗斯福新政实行国家干预的市场经济模式,再到20世纪80年代里根政府新自由主义的私有化政策,成为在政府干预与自由市场两种政策方向上来回摇摆的模式,因此,所谓高度自由的市场经济早已不复存在,而成为混合所有制经济模式。进入21世纪后,美国利用财政政策和货币政策对市场进行干预的力度有增无减。与此同时,美国政府也越来越多地呈现出对产业发展干预的增强,如近年来颁布的《先进制造业美国领导者战略》《芯片与科学法案》等。此外,美国寡头垄断势力不断加强,名义上为"自由市场经济",实则垄断资本已经形成了对市场的操控,严重背离市场经济原则。因此,从特朗普政府到拜登政府都体现了寡头垄断财阀对整个国家内政外交、经济社会的控制,造成了严重的贫富分化和社会混乱。

最后,从日本的现状来看,日本也是从20世纪60年代以日本模式获得巨大成功后经历了一系列转变,尤其是进入21世纪以来,以往的计划导向、高储蓄率、年功序列制、终身雇佣等日本模式的一些主要政策特征被逐步调整,政府对经济的直接干预减少、对很多领域的管制被放松,日本市场经济模式自由化的成分略有增加。近年来,政府倾向于进行经济结构调整、解决就业问题和增加劳动力市场公平性等。

五、发达国家市场经济模式的评析及对我国的启示

发达国家市场经济的三种模式是自资本主义制度诞生以来市场经济发展的主要样态,并且伴随资本主义的发展,不断融合演化,相互借鉴。但是,总体而言,发达国家的市场经济模式由于其发端于老牌资本主义国家并且已经在世界历史上有着三四百年的历史,相对比较完善,具有相对良好的体制机制。但是,从根本上而言,它又与资本主义制度共生,无法克服资本主义制度内在的不可调和的矛盾,因此必然存在许多弊端。以下将从正反两个方面对其做出评析。

(一)主要优势及可借鉴之处

首先,发达国家市场经济体制机制相对完善,相关法律法规比较健全,确保了市场经济条件下各经济主体能够在相对稳定的政治、法律环境下从事生产和市场交易,从而降低了交易成本,更加有利于资源配置的效率。资本主义制度经过三四百年的发展,不管是政治制度还是经济、文化、社会制度都已经比较成熟地建立起来,并且多数以法律的形式固定下来,由此为市场经济体制的完善奠定了比较坚实的基础。例如,美国就被誉为拥有世界上最完善法律制度的国度,从建国初期的联邦宪法到如今纷繁复杂的法律体系,可谓包罗万象,如宪法、侵权法、契约法、财产法、婚姻法、商法、公司法等。除了最基本的美国宪法对公民的基本权利和自由(如言论自由、宗教自由、选举权等)加以保护,美国联邦的一系列反垄断法,如《谢尔曼法》《克莱顿法》和《联邦贸易委员会法》等,还有美国各州和地方的法律法规也多如牛毛。这些都体现了比较完善的资本主义制度下对市场经济发挥良好作用的基础,从而让企业、个人、政府等都能够在相对稳定的制度框架下从事经济活动,降低了交易的不确定性,体现了其相对发达的市场经济发展水平。

其次,为了弥补市场经济体制的缺陷,发达国家的市场经济制度也做出了许多调整,建立了相对完善的政府干预制度和社会保障制度。市场经济条件下,由价格作为调节市场供求的基本机制存在的重要问题就是会导致一系列"市场失灵",包括收入差距拉大、资源浪费、竞争失败和垄断、外部负效应、失业以及区域经济不协调、公共产品供给不足等问题。基于此,发达国家经过长期的探索和实践几乎建立起了一整套试图弥补市场失灵的体制机制。如制定反垄断法、建立失业救济和医疗保险等社会保障制度,以及制定遗产税和累进税等来调节贫富差距等,还有依据

凯恩斯的经济理论,制定各种财政和货币政策,建立相应的决策和执行机构。这些制度在政府干预导向型和社会调控导向型市场经济模式中表现得尤为突出,当然在具体的制度设计和政策制定上存在许多差异,保障程度等参差不齐,干预效果也各有千秋。

(二)主要缺陷或存在的问题

发达国家的市场经济尽管有许多优势,但是也有其无法克服的根本性的缺陷,使其不能彻底解决资本主义市场经济失灵的顽疾。具体而言:

首先,资本主义生产资料私有制决定了私人经济决策的分散化,从而与生产的不断社会化之间的矛盾是无法克服的。因此,不管采取什么样的政府干预政策,都不可能从根本上解决由此造成的资源浪费和环境破坏。为了追求个人效用最大化和企业利润最大化,个人与企业需求和生产的无序性,是无法在资本主义私有制条件下得到解决的。换句话说,只要这类市场经济体制是建立在资本主义财产私有制基础上,那么,就一定无法阻止生产的无组织性,从而造成总供给与总需求的失衡。再强有力的政府干预政策,只能一定程度上缓解或延缓危机的发生,却无法从根本上解决危机的爆发。此外,各种外部性、垄断的发展、资源的浪费、经济发展的不平衡性、公共产品供给不足等问题都是无法解决的。

其次,发达国家的市场经济体制尽管已经建立比较完善的社会保障制度,但是也只能缓解贫富差距、提供给低收入群体一定的救济,不可能推动全体劳动人民的共同富裕,尤其是促进人的自由和全面发展的实现。市场经济依据价格机制调节供求,决定人们的收入,因此在资本主义制度下,资源的配置取决于商品的价格,由此也就决定了土地、资本、劳动力等生产要素的收入。在资本主义的这种价格机制下,资本通过对劳动力的剥削,占有了大量剩余价值,其所有者必然成为社会中收入和财富水平最高的人。不管实行什么样的调节税收或者补贴,都只能对其做出微调。生产资料私有制基础上的这种分配机制决定了收入和财富分配的基本格局,其他一切政策举措将只能成为辅助。

(三)对我国发展社会主义市场经济的启示

综上所述,尽管发达资本主义国家的市场经济体制已经取得了巨大的成功,建立了比较成熟和完善的市场经济制度,也能够借此实现比较高效的资源配置效率,但是其政府干预的机制也好,社会调控的能力也罢,都不能克服资本主义制度自身的基本矛盾,从而也只能是一种对市场失灵的修补。对于我国而言,我们既要借鉴其在市场经济建设上的优势,也要规避其主要问题。

首先,我们应当进一步加强法治建设,为社会主义市场经济更好地实现资源配置创造完备的体制机制框架,保障市场或价格机制在一定的法律框架范围内顺利发挥作用。

其次,既要灵活运用市场机制进行资源配置,除了政府行政干预和计划手段外,也要建立一整套能够有效干预市场的宏观调控体系,精准运用财政政策和货币政策,从而形成调整市场经济运行作用的有力政策工具。在这一点上,我们与发达国家的差距还比较大。

最后,要始终把握"社会主义"这一关键词,对资本设置"红绿灯",尤其是对来自国内外的垄断资本势力的动向及其垄断行为进行适时管制,对民生问题加倍重视,不断增强人民群众的获得感和幸福感。

第二节 发展中国家的市场经济模式

对于发展中国家而言,经济运行是否具有独立自主性(或是否依附于他国和国际市场开展经济活动)是划分其市场经济模式的重要依据。据此,发展中国家的市场经济模式一般分为依附型发展模式和自主发展导向型模式两种。此外,原东欧社会主义国家在计划经济模式基础上也曾经做出过一些探索,后来多数转向了市场经济,也具有一些独特性。以下将对上述几种模式做分析:

一、依附型发展模式

(一)主要特征

多斯桑托斯指出,依附是一种限定性状况,即一些国家的经济受制于它所依附的另一国经济的发展和扩张。他认为,两个或更多国家的经济之间以及这些国家的经济与世界贸易之间存在着互相依赖的关系,统治国能够扩展和加强自己,而依附国的扩展和自身的加强则仅是前者扩展——对后者近期发展可以产生积极的或消极的影响——的反映。[1]

---

[1] 〔巴西〕特奥托尼奥·多斯桑托斯.帝国主义与依附(修订版)[M].杨衍永等译.北京:社会科学文献出版社,2017:55—62.

依附型发展模式具有以下特点：

第一，依附型发展市场经济模式首先体现在经济意义上，即国际领域的经济依赖，如依附国对外部资本和技术的依赖、资源出口导向的经济模式等。

第二，这种依附型发展体现在政治、军事、文化和社会等多个层面，如国家方针政策受到国际组织或者国际资本影响等政治依赖。

第三，对于主导国而言，更多的是从这种不平等的依附关系中获得利益、取得发展。

第四，依附型发展可能是互惠式的，也可能是剥削式的。因此，依附国在这种不平等的国际关系中可能得到发展，也可能遭受压榨。

(二)典型国家及其具体政策举措

从发展模式来看，巴西的经济发展大体可以分为以下四个阶段：初级产品出口驱动模式、初期的进口替代工业化模式、注重出口的进口替代工业化模式及新自由主义的经济改革发展模式。

第一阶段，初级产品出口驱动模式（葡萄牙殖民时期—20世纪30年代全球经济危机）。16世纪初葡萄牙殖民者开始统治巴西时，巴西因自然资源丰富而逐步形成了初级产品出口的发展格局，其发展受葡萄牙所控，属于依附型经济发展模式。数百年的殖民统治导致巴西的生产力水平较低，市场狭小，国内消费能力不足，再加上以英国为中心的世界格局的形成，导致巴西在独立（1822年）后，特别是19世纪50年代至20世纪30年代期间，只能继续维持原来发展战略，利用本国资源优势，通过出口初级产品以加快其资本积累及自身发展。这一阶段，巴西主要通过出口蔗糖、咖啡等带动其他经济领域的发展。在这一阶段，农场主出资建设了各项基础设施，而由欧洲移民潮（在种植园等就业）引发的工业制成品消费市场的扩大以及出口市场繁荣形成的连年国际收支盈余局面等，都为巴西早期的工业化进程打下了基础。但与此同时，初级产品出口驱动模式导致巴西收入分配严重不均、对国际市场过度依赖、农业品种发展逐渐单一化以及经济发展结构畸形等问题。

第二阶段，初期的进口替代工业化模式（20世纪30年代—1964年）。"一战"后，以美国为中心的世界格局的形成（美国对外来初级产品的依赖性低于英国）、1929年全球经济大萧条对巴西出口的冲击，以及"二战"的战争消耗所导致的发达国家对初级产品需求的增加（为进口替代工业化模式提供资金保障）等，为巴西进口替代工业化模式的实行创造了条件。巴西先后通过日用消费品、国内短缺的资本品和中间产品的生产开展进口替代，并采取各种措施推进进口替代工业化驱动模式:第一,保护国内市场,扶助国内幼稚产业。第二,实行高进口税率及各种非关税壁垒以限制进口。第三,采取多重汇率并存制度、外汇管制、高估本币等方式扶持国内进口替代企业。第四,吸引外资,大力投资基础设施建设,扶持重工业发展等。这一时期的进口替代工业化模式一定程度上促进了本国工业的初步发展。但其过度保护主义导致许多产业劳动生产率低下,国际竞争力较弱;加剧了其对工业生产所需中间产品和机器设备的进口依赖程度,使其依附性质依旧未变,还使两极分化等社会问题不断加深。

第三阶段,注重出口的进口替代工业化模式(1964—1985年)。1964年巴西军政府上台后,重新定位了进口替代战略的方向,在强化进口管制的前提下,高呼"出口即出路"[1],加倍注重出口对经济发展的效用,从内向型进口替代战略转变为外向型进口替代战略。为此,巴西政府采取了各种措施:第一,宏观经济措施包括制订全国一体化计划、加强基础设施建设、积极利用外资,以及加强国家资本主义经济成分的主导作用等。第二,加紧寻找、发展新的工业增长点,推动制造业结构变革。第三,大力发展对外经贸联系,增加出口,推动出口商品多样化等。

1964—1985年,巴西大力发展民族经济,成果斐然。经济总量从资本主义世界的第15位升至第8位,更是在1968—1974年创造了"巴西经济奇迹",年均增长率超过10%。不过在20世纪70年代的两次石油危机以及70年代末资本主义经济危机的冲击下,巴西经济日渐颓败。为维持经济增长速度,巴西政府大举负债、增加投资,导致巴西债务危机全面爆发。1980—1990年巴西经济陷入了低迷的"丢失的十年",通货膨胀也成为巴西严重的政治和经济问题。巴西经济停滞不前,工业产能快速下降,国际收支严重失衡。在20世纪的最后二十年,巴西的平均经济增长率几乎为零。

第四阶段,新自由主义的经济改革发展模式(1985年至今)。债务危机爆发后,巴西的多次债务违约导致其国际资信降低,进而引发外资流入迅速收缩。为获得更多贷款,巴西把目光锁定在世界银行等多边机构,但赢得这些贷款的代价是,巴西必须接受"华盛顿共识"条款,且在国内推行新自由主义改革。巴西新自由主义经济改革是多层次、全方位的,主要包括以"雷亚尔计划"(1993年颁布)为核心的宏观经济政策、贸易自由化和金融自由化的对外经济关系、结束政府充当工业部门企业主角色的国有企业私有化,以及货币制度和汇率制度的变革等。巴西的新自由

---

[1] 方幼封.富有活力的巴西对外贸易[J].世界经济研究,1990(01):14.

主义经济改革确实对其经济发展产生了一定的积极影响,加大了其经济外向度,缓解了财政失衡和通货膨胀。不过要想使巴西经济从根本上摆脱困境,需要的社会、经济成本很高,新自由主义宏观经济政策并不能实现他们的改革目标。如货币雷亚尔的升值造成出口困难,引发贸易赤字;贸易自由化对国内产业形成了较大冲击;金融自由化引发了各种形式的大量资本外逃,为金融危机埋下隐患;国有企业私有化降低了国家控制经济的能力,扩大了贫富差距。

针对巴西对外关系的依附性问题,综上可知:葡萄牙殖民时期,巴西初级产品出口的发展格局造就了其依附型经济发展模式。民族独立至20世纪30年代全球经济危机期间,初级产品出口经济的单一结构的脆弱性与不自主性,导致其在国际分工中的较强依附性。而在为摆脱依附地位开展的进口替代工业化模式下,巴西对工业生产所需中间产品和机器设备的进口依赖以及负债发展的战略等致使其在对外关系中并未改变依附性,只是从旧的依附变成了新的依附。新自由主义改革则导致政府职能作用受损,巴西经济虽得到一定发展,但其传统体制遭到一定的破坏,它对西方发达国家的依附格局依然没有被打破。这种模式的市场经济很大程度上依赖于世界市场,尤其是发达国家的市场,受到发达国家市场供求或价格机制的影响,因此缺乏独立性,也就特别容易受到来自发达国家市场经济的冲击。

二、自主发展导向型模式

(一)主要特征

第一,基本经历了"计划管制—自由市场—混合经济"符合本国国情的经济改革历程,同时都具有向中国市场经济体制改革学习和借鉴的成分。如俄罗斯经历了苏联时期的计划经济、苏联解体时期的休克疗法、普京四个任期内的私有化和市场化改革以及近期的国有化和本土化调整。土耳其从凯末尔时代到埃尔多安时代,经济既取得了辉煌成就,也经历了很多波折和危机。土耳其的经济发展模式也在不断演进,不断在国家主义经济发展模式和自由主义经济发展模式之间摇摆。

第二,在整体经济体系中,国有经济扮演着重要的角色。例如,俄罗斯的国有经济在多个关键领域展现出深远的影响力,尤其是在战略性行业和公共事业方面,这种影响不仅体现在政策制定上,还通过政府对资源分配的控制得以体现。在大型企业的董事会中,政府代表的普遍存在反映了国家对经济活动的干预和监督,确保其利益与国家战略目标相一致。国有控股公司中,政府代表通常担任董事会主席，进一步强化了政府在企业决策过程中的主导地位。此外，通过在一些股份制企业中持有"金股"，国家能够行使对企业运营的特殊管理权，这不仅使国家在经济中保持重要的权威地位，也反映出政治与经济的深度交织。特别是自2020年以来，俄罗斯对国有经济的多重功能进行优先性排序；立足于国有经济的经济安全保障功能、公共物品供给和社会安全保障功能、应对制裁及稳定和恢复经济功能、执行国家产业政策和战略部署功能来管理和使用国有资产，强化和发展国有经济组织。

土耳其的"埃尔多安经济学"通过刺激消费和投资，以实现快速经济增长。政府采取低利率、财政刺激等手段，鼓励家庭消费和企业投资，迅速推动经济扩张。然而，随着全球经济环境的变化，尤其是在通货膨胀压力加大和外部投资减少的背景下，土耳其政府的调控空间逐渐被压缩。高通胀率削弱了消费者的购买力，同时外汇危机也使得土耳其的经济增长面临更加严峻的挑战。

第三，国内经济发展很大程度上受外部世界的影响。俄罗斯是能源输出型国家，又因地缘、历史等原因，在西方国家的制裁和封锁的环境下发展经济；土耳其长期以来致力于扩展其对外贸易和外资依赖，通过出口刺激经济增长，并吸引外国直接投资（FDI）。

第四，政府和领导人在经济发展中扮演至关重要的角色。如苏联时期的斯大林、赫鲁晓夫，之后俄罗斯时期的叶利钦、普京等，对国家经济发展方向等具有较强的领导权；土耳其的经济改革也显著受到凯末尔、埃尔多安等政治强人的影响。

（二）典型国家及其具体政策举措

在20世纪30年代，苏联建立了以计划经济为核心的体制，确立了公有制为经济活动的主导形式。法律体系严格限定了产权的形式，主要承认全民所有制和集体所有制，强调国家对资源配置和生产过程的全盘控制。这一体制的初衷是实现经济的集体化和消灭资本主义私有制，以此推动社会的平等与繁荣。然而，随着时间的推移，特别是从1953年到1991年间，苏联政府逐步对非国有经济放宽了限制，显示出对市场机制的部分依赖。在这一时期，国家意识到，过度的计划经济不仅导致了资源配置的低效，还在一定程度上抑制了创新和生产力的发展。这一变化为后来的经济转型奠定了基础。1991年，苏联解体带来了剧烈的经济变革，副总理叶戈尔·盖达尔在此时推行了激进的"休克疗法"。其政策旨在快速实现市场化，通过急剧的价格放开、私有化及结构调整，试图迅速建立起以市场机制为基础的经济体。然而，这种急功近利的做法导致经济的严重疲软，通货膨胀急剧上升，社会经济秩序陷入混乱。

面对国有经济的萎缩及国家控制力的削弱,弗拉基米尔·普京政府于21世纪初提出了"第三条道路"理论。这一理论旨在结合俄罗斯特有的国情与全球经济发展的趋势,寻求一条既不同于纯粹的市场经济,也不同于传统的计划经济的经济发展道路。普京政府通过利用国际能源价格的上涨,成功地扭转了经济衰退的局面,经济在2000—2008年间实现了较快增长。之后的十年间,普京政府加强了对国有企业的控股,重新审视国有经济的角色,并通过实施一系列政策,旨在确保国家在经济中的主导地位,同时利用市场机制提升经济效率。这种结合国家控制与市场导向的经济模式,体现了对传统计划经济的反思和对市场经济的适度调整,为俄罗斯的经济复苏提供了新的动力。2012—2024年,根据俄罗斯的实际国情和面临的国际环境,俄罗斯政府对国有企业和私有企业之间、政府和市场之间以及国内外之间的关系进行了大幅度改革和调整,以实现俄罗斯的国家经济利益。自2018年以来,俄罗斯先后提出了"2024年前俄联邦国家发展目标"和"2030年前俄联邦国家发展目标"。2022年俄乌冲突后,俄罗斯面临美欧更加严厉的制裁,在技术引进和关键设备、原材料和中间品进口方面基本被阻断了来自西方的渠道。在这种情况下,俄罗斯国家发展机构成为维护国家经济安全,实现产业、技术、粮食和食品等领域安全自主,确保经济主权独立的关键部门。

三、东欧国家市场经济转型探索

(一)产生背景与原因

1989—1990年,原东欧社会主义国家先后向新的多元政治体制和市场经济过渡。这是20世纪发生的重大历史事件之一,是国际社会主义运动史上的一次重大挫折,我国学者称其为"东欧剧变"。究其原因,从经济体制层面上来看,东欧原有的僵化经济体制趋向于无效,不仅无法应对越来越复杂的经济体系,而且对资源的分配极其低效。"二战"结束后,苏联强制把斯大林模式推广到整个东欧,导致各国忽视轻工业和农业的发展模式。这一模式对东欧危害甚大,尤其是低效的农业集体化,使得原本的"欧洲粮仓"在20世纪后半叶的粮食供给甚至不能满足国内需求。在东欧动荡未稳之时,欧盟提出原东欧国家必须彻底抛弃社会主义制度,取消共产党的领导,接受西方价值观,使社会全盘欧化,才能加入欧盟,由此导致东欧的经济转型。如波兰、捷克、罗马尼亚等国家都走上了市场经济道路。

（二）主要典型国家的市场经济转型

捷克斯洛伐克（1993年分裂为捷克共和国和斯洛伐克共和国）在向市场经济转型过程中采取了一系列具体措施，实现了从计划经济向市场经济的过渡。

第一，捷克启动了大规模的私有化进程，这是其经济转型的核心步骤。私有化主要通过小规模和大规模两种方式进行。小规模私有化通过拍卖和直接销售，将小型企业和商店出售给私人投资者；大规模私有化则采用凭证式私有化（Voucher Privatization），将国有企业的股份分配给公民，公民可以用这些凭证购买。这一举措不仅促进了国有资产的私有化，还激发了民众的投资热情。

第二，捷克政府取消了大部分商品和服务的价格管制，实施价格自由化，允许市场供需决定价格。这一措施旨在消除价格扭曲，促进资源的有效配置。价格自由化是市场经济的重要特征，它使得商品和服务的价格能够反映真实的市场状况，从而提高了经济运行的效率。

第三，在货币改革方面，捷克斯洛伐克解体后，捷克共和国推出了自己的货币——捷克克朗（CZK）。货币改革的核心是稳定货币政策、控制通货膨胀和建立独立的中央银行。通过这些措施，捷克成功地维护了货币的稳定性，为经济的持续增长提供了坚实的基础。

第四，在捷克经济的转型过程中，贸易自由化扮演了关键的角色。捷克政府取消了大部分进出口限制，降低关税水平，并主动地参与到全球贸易中。捷克成为世界贸易组织（WTO）和欧洲自由贸易联盟（EFTA）的成员，并最终在2004年加入欧盟。这些措施不仅扩大了捷克的市场范围，还增强了国内企业的竞争力。

第五，捷克为了适应市场经济的发展需要，进行了广泛的法律和制度改革。这些改革涉及公司法的制定和完善，规范了企业的成立、运作和破产流程；建立破产法律制度，确保了市场退出机制的有效运行；调整了劳动法规，保护工人权益并提高劳动力市场的灵活性。这些法律和制度改革为市场经济的健康发展提供了法律保障。

第六，捷克政府采取了一系列措施吸引外国直接投资（FDI），包括提供税收优惠、简化行政审批程序和建立投资促进机构。这些措施帮助捷克吸引了大量外资，促进了经济增长和技术进步，这极大地推动了捷克经济体制的现代化。此外，捷克实施了金融体系的改革，构建了现代化的银行体系和资本市场。这些改革措施涵盖了国有银行私有化以引入市场竞争，以及建立证券交易所和完善股票债券市场法律法规。这些金融领域的改革成果为企业提供了多样化的融资渠道，极大地促进了市场的经济活力和创新潜力。

通过以上举措,捷克不仅成功地从计划经济向市场经济转型,也实现了经济的快速增长和现代化。

四、对发展中国家市场经济模式的评析

发展中国家市场经济从时间轴上而言,是在发达国家市场经济已经相对达到比较成熟的基础上才发展起来的,可以说,它们基本上是在追随、模仿发达国家的市场经济体制,因此在先天上是落后于发达国家的市场经济发展水平的。与此同时,它们又不得不在资本主义所建立的世界市场中成为发达资本主义国家市场经济的附庸,从而也成为其剥削的对象。依附理论及沃勒斯坦的世界体系理论无一不展现了这种"被动"的依附所带给发展中国家市场经济的危害。对于发展中国家的市场经济模式,我们也从以下两个方面对其做出评析。

(一)可以借鉴的经验

发展中国家的市场经济模式尽管在体制机制建设上与发达资本主义国家相比仍然是相对落后的,但是由于其与我们有着许多相似之处,如经济发展水平、人口规模、制度转型等,通过其发展轨迹对我们建设社会主义市场经济体制仍然具有一定的借鉴作用。一方面,发展中国家的市场经济体制大多是建立在具有相当人口规模的国家,也存在落后的生产力水平和复杂的宗教、文化等的影响,所以,如何更好地发挥劳动力这种生产要素的作用,并且建立起相应的体制机制,在这些方面,它们的经验仍然是可以借鉴的;另一方面,在整个世界市场体系中,发展中国家的市场经济模式也是借鉴发达国家而来的,我们要看到它们在模仿过程中犯过哪些错误,从而在建设社会主义市场经济体制中加以纠正。当然,从发展中国家的市场经济模式本身而言,它们的优点就在于充分考虑本国的国情,将市场经济更好地与本国资源、环境、宗教、文化相结合。

(二)主要缺陷或存在的问题

发展中国家的市场经济最大的问题就是依附。这是在整个资本主义体系中无法克服的、比较严峻的问题。

首先,大多数发展中国家的社会制度仍然是资本主义的生产资料私人占有制度,因此,在同样进行的生产、消费、交易决策上也只能是分散化的。为了赚取更多的收入和利润,从发达资本主义国家获取订单从而进行生产、进出口等将是大多数

人与企业的选择。因此,发展中国家在世界市场分工中由于自身的局限性,使它们的依附变得不可避免。要打破这种跟随、模仿几乎是不可能的,只能在一定程度上或某些领域有所超越。因此,对于发展中国家的市场经济模式而言,依附型发展是没有前途的。甚至在有些情况下,是非常危险的,有可能成为发达国家通过世界市场转嫁危机的场所,承担发达国家市场失灵所带来的恶果。要想改变这种依附型市场经济模式,要勇于与发达国家做切割,或者不断提升自身的科技创新水平、体制机制建设水平。

其次,在从计划经济向市场经济转型的过程中,也要保持自身的独立性,不能为了换取加入发达国家所主导的世界市场体系或地区性的市场体系,而放弃或改变许多关键性的制度和丢掉一些重要资源。比如,"休克疗法"给苏联带来的巨大危害和很多东欧国家为加入欧盟所付出的代价。我们作为社会主义市场经济国家,从根本制度上而言,是完全不同于西方发达或发展中国家的制度的,因而我们在制度上具有许多它们不可比拟的优势。但是在经济转型过程中,我们需要特别注意避免遭遇发达资本主义国家所搭设的制度陷阱,避免由转型所带来的财富、资源等流失。

(三)对我国发展社会主义市场经济的启示

当今世界主要发展中国家的市场经济模式对于我国发展社会主义市场经济而言,主要的启示可以用八个字来形容,即"独立自主、自力更生"。在西方大国家所主导的世界市场体系中,如何能够独善其身,不被西方发达国家拖下水成为其附庸,不被它们通过货币霸权、垄断资本等新殖民主义手段榨取剩余价值,保持自身经济的顺利平稳发展,是十分困难的。但是,对于我们社会主义中国而言,这又是必须做到的事情。因此,在发展社会主义市场经济的实践中,我们一方面要融入世界市场,与西方发达国家经济体展开经济合作,并学习借鉴它们在市场经济体制机制等方面的优势,与其他发展中国家一样在合作中各取所需;另一方面,我们也必须在这个世界市场上努力奋进,不断提升科技水平,不断打造高端品牌,防止被"卡脖子",站上产业链的顶端,不被西方资本和企业收割。此外,还需要与广大发展中国家携起手来,通过贸易、金融等多领域的合作,共同抵御来自发达国家的竞争与垄断势力的压制。

综上所述,不管是发达国家的市场经济模式还是发展中国家的市场经济模式,都存在各自的优劣。我们要建立高水平社会主义市场经济体制,一方面要借鉴发达国家市场经济比较完善的体制机制、各项法律法规,降低交易成本和交易不确定性,建立良好的社会保障机制和政府干预机制;另一方面更要取长补短,通过社会主义生产资料公有制以及集中力量办大事的优势,来彻底改变市场经济的弊端,既能够实现资源的有效配置,又能够推进共同富裕、人与自然和谐发展、经济均衡,以及促进人的自由和全面发展。

第三章

现代化强国目标下构建社会主义市场经济体制的理论构想

前两章通过系统梳理国内外不同国家发展市场经济的基本模式和方法,特别是结合习近平总书记关于社会主义市场经济的重要论述,形成了若干重要命题。如何实现社会主义与市场经济的辩证统一,更好地发挥社会主义基本制度与市场经济体制的双重优越性,成为2035年乃至本世纪中叶建成和发展高水平社会主义市场经济的"必答题"。

改革开放以来,特别是党的十四届三中全会以来,我国制定并完善了社会主义市场经济体制的基本框架,并在长期的实践和探索过程中,找到了一条既能运用资本实现自身经济发展,又能充分克服资本逻辑带来的种种弊端,造福于全体人民群众的经济体制发展道路。2019年10月31日,党的十九届四中全会将社会主义市场经济体制纳入社会主义基本经济制度。值得注意的是,此次全会还将"坚持公有制为主体、多种所有制经济共同发展和按劳分配为主体、多种分配方式并存,把社会主义制度和市场经济有机结合起来,不断解放和发展社会生产力的显著优势"作为我国国家制度和国家治理体系13个方面显著优势之一。2024年6月27日的中共中央政治局会议进一步明确了到2035年要全面建成高水平社会主义市场经济体制。2024年7月18日,党的二十届三中全会通过的《中共中央关于进一步全面深化改革 推进中国式现代化的决定》中,把构建高水平社会主义市场经济体制摆在突出位置,对经济体制改革重点领域和关键环节作出部署,进一步描绘了全面建成高水平社会主义市场经济体制的"施工图"和"实景画"。

面对百年未有之大变局,面对新一轮技术和产业革命变革的机遇和挑战,面对人民群众对美好生活的需要,构建并发展一个解放和发展生产力、解放和增强社会活力的高水平社会主义市场经济体制,才是真正有利于实现社会主义现代化强国目标的市场经济体制。

本章将承继前两章的梳理,围绕习近平总书记关于构建高水平社会主义市场经济体制的重要论述,就现代化强国目标下的社会主义市场经济体制展开理论构想。

第一节　加快构建高水平社会主义市场经济体制的根本要求

党的二十届三中全会通过的《决定》明确指出,"高水平社会主义市场经济体制是中国式现代化的重要保障",对于推进中国式现代化具有重大意义。

改革开放以来,我们党坚持解放思想、实事求是,经过艰苦实践探索,提出建立社会主义市场经济体制的改革目标,极大解放和发展了生产力,极大增强了各类市场主体的生机活力。党的十八大以来,习近平总书记围绕完善社会主义市场经济体制、构建高水平社会主义市场经济体制作出一系列重要论述,坚持马克思主义科学性和实践性的有机统一,聚焦发展不平衡不充分的深层次矛盾,聚焦国际国内环境深刻复杂变化和经济运行面临的风险挑战,深刻回答了新时代推进完善社会主义市场经济体制面临的一系列重大理论和现实问题,贯穿着强烈的问题意识、鲜明的实践导向,为破解发展难题、增强发展动力、厚植发展优势、推动我国经济高质量发展提供了行动指南。

社会主义市场经济体制的"高水平",在于这一经济体制是否具有强大生命力,能否为市场主体创造机会均等、公平合理的市场环境,从而最终通过资源配置效率最优化、效益最大化,更好激发全社会的内生动力和创新活力。因此,"高水平"的背后有三大根本要求:

一、必须坚持党的领导

党的二十届三中全会将"坚持党的全面领导"摆在进一步全面深化改革必须贯彻的重大原则之首,强调把党的领导贯穿改革各方面和全过程。坚持党的领导,是社会主义市场经济体制不断发展完善的根本政治保证,也是社会主义市场经济体制具有强大生命力的政治制度根源。始终坚持和加强党的领导,发挥好党总揽全局、协调各方的领导核心,把党领导经济工作的制度优势转化为治理效能,是推动市场经济体制各领域各方面改革落地见效、推动经济体制改革不断走深走实的根本力量。

(一)党的领导是坚持社会主义市场经济体制正确改革方向的根本保障

社会主义市场经济体制是结合我国现实国情的原创性探索,创造性实现了社会主义制度优势与市场经济资源配置优势的有机结合,为社会主义现代化强国建设注入了强大的内生动力。

党的领导使得社会主义市场经济体制的形成与发展成为历史必然。改革开放以前,党领导人民在计划经济体制框架内发挥价值规律的作用来局部发展商品经济,为建立比较完整的工业体系起到不可磨灭的作用,同时也为之后建立社会主义市场经济体制积累了宝贵的经验。改革开放以来,党领导人民积极实践探索,并在党的十四大确立了建立社会主义市场经济体制的改革目标。1993年,党的十四届三中全会通过《中共中央关于建立社会主义市场经济体制若干问题的决定》,明确提出了完善社会主义市场经济体制的目标和任务,并逐步从制度建构上探索社会主义与市场经济的有机结合,形成了生产资料所有制、社会主义分配制度、政府宏观调控等方面的深刻认识,形成了构建社会主义市场经济体制的完整认知架构。

党的十八大以来,以习近平同志为核心的党中央,立足新发展阶段,在治国理政实践中实现了党领导下构建并完善高水平社会主义市场经济体制系统认识的创造性转化与创新性发展,推动了我国社会主义市场经济体制的历史性变革。就党的领导与社会主义市场经济体制的关系,习近平总书记指出,中国共产党的领导是社会主义市场经济的一个重要特征,党的领导通过对经济体制改革的不断深化,为经济高质量发展提供制度保障,确立了党在构建高水平社会主义市场经济体制中的领导地位。市场经济本质上就是市场配置资源的经济,这是市场经济的一般规律,社会主义与市场经济是可以结合的。在两者的实践中,要时刻坚持社会主义国家的制度属性。他强调:"我们是在中国共产党领导和社会主义制度的大前提下发展市场经济,什么时候都不能忘了'社会主义'这个定语。之所以说是社会主义市场经济,就是要坚持我们的制度优越性,有效防范资本主义市场经济的弊端。"①2013年,党的十八届三中全会首次明确提出要紧紧围绕使市场在资源配置中起决定性作用,深化经济体制改革,将市场资源配置的功能和作用提升到了新的高度;2019年,党的十九届四中全会将社会主义市场经济体制首次纳入社会主义基本制度框架,并明确了包括建设高标准市场体系和完善公平竞争制度、产权保护制度、现代金融制度、城乡融合发展制度和区域协调发展制度在内的六方面内容,这为高水平社会主义市场经济体制的构建指明了方向;2022年,习近平总书记在党的二十大报告中指出,要加快建设现代化经济体系,构建高水平社会主义市场经济体制②,进而在2024年党的二十届三中全会上进一步明确要以经济体制改革为牵引,全面部署各领域各方面的改革,让高水平社会主义市场经济体制成为中国式现代化的重要保障。

无论是"从传统的计划经济体制到前无古人的社会主义市场经济体制",还是"再到使市场在资源配置中起决定性作用和更好发挥政府作用"③,中国共产党的领导始终确保了我国的经济体制改革是在社会主义基本经济制度框架内的,并且善于将制度优势、治理效能转化为发展优势。这种对生产关系与生产力、上层建筑与经济基础作用规律的科学运用,使得党的领导在充分发挥社会主义基本经济制度显著优势的同时,有效解放和发展了生产力,实现了发展质量的不断提升。

(二)党的领导是完善高水平社会主义市场经济体制的根本保障

在构建和完善高水平社会主义市场经济体制的过程中,中国共产党始终坚持发展是执政兴国的第一要务,将制度优势、政治优势体现在经济工作中,从科学研判、顶层设计、重大决策、政策安排、组织动员等各方面全面加强党对经济工作的领导④,注重发挥经济体制改革牵引作用,从而在完善高水平社会主义市场经济体制的过程中塑造经济高质量发展的新动能新优势。

党对经济工作的全面集中统一领导体现在党通过明确的战略目标导向,立足制度建设更好解放和发展社会生产力,深度激发社会活力,逐步实现人的全面发展

---

① 中共中央党史和文献研究院.论把握新发展阶段、贯彻新发展理念、构建新发展格局[M].北京:中央文献出版社,2022:64.
② 习近平.高举中国特色社会主义伟大旗帜 为全面建设社会主义现代化国家而团结奋斗——在中国共产党第二十次全国代表大会上的报告[N].人民日报,2022-10-26.
③ 中国政府网.习近平:在庆祝改革开放40周年大会上的讲话[EB/OL].https://www.gov.cn/xinwen/2018-12/18/content_5350078.htm.
④ 季正聚.新时代党领导经济工作的若干重要经验[N].经济日报,2021-11-11.

和共同富裕。党的十八届三中全会指出要"进一步解放思想、进一步解放和发展社会生产力、进一步解放和增强社会活力"①,既抓重要领域、重要任务、重要试点,又抓关键主体、关键环节、关键节点,以重点带动全局。这三个"进一步解放"很好地阐释了全面深化改革的目的,即通过经济体制改革为社会主义现代化建设提供强大的物质力量。围绕"深化经济体制改革"这一主线,我国立足完善产权制度和要素市场改革这两项重点任务,加快完善社会主义市场经济体制,通过建设"市场机制有效、微观主体有活力、宏观调控有度"的经济体制,实现了"产权有效激励、要素自由流动、价格反应灵活、竞争公平有序、企业优胜劣汰"的社会主义市场经济发展格局,从而在发挥好党总揽全局、协调各方的作用同时,为市场主体提供更好的发展环境、发展机会,真正"管好那些市场管不了或管不好的事情"②。

(三)党的领导是高水平社会主义市场经济体制顶层设计和整体谋划有机统一的根本保障

党的二十届三中全会审议通过的《中共中央关于进一步全面深化改革 推进中国式现代化的决定》,更加注重突出重点,突出体制机制改革,突出战略性、全局性重大改革,突出经济体制改革牵引作用,凸显改革引领作用。这是党的全面集中统一领导作用的生动体现。经济体制改革是一项系统工程,涉及市场规则制定与监督执行、高标准市场体系建设、公平竞争、政府职能等方方面面,因此,"要更加注重各项改革的相互促进、良性互动,整体推进,重点突破,形成推进改革开放的强大合力"③。

党的十八大以来,以习近平同志为核心的党中央紧紧围绕发展这个第一要务来部署各方面改革,发挥经济体制改革牵引作用,实现改革由局部探索、破冰突围到系统集成、全面深化的转变,各领域基础性制度框架基本建立,全面深化改革取得历史性伟大成就。围绕高质量发展这一经济社会发展的主题,经济体制改革在不断激发经济活力的同时,也在统筹适应国家高水平科技自立自强、协调发展、绿色发展、开放发展、共享发展需要,通过顶层设计,在高水平社会主义市场经济体制的构建中形成包括产权改革、生产要素改革、统一大市场建设、供给侧结构性改革、高水平对外开放体制、新型举国体制等一系列适应经济高质量发展的体制机制。实践充分证明,坚持重点突破,在整体推进的基础上抓主要矛盾和矛盾的主要方

---

① 习近平.习近平谈治国理政(第一卷)[M].北京:外文出版社,2014:92.
② 习近平.习近平谈治国理政(第三卷)[M].北京:外文出版社,2020:172.
③ 习近平.习近平谈治国理政(第一卷)[M].北京:外文出版社,2014:68.

面,努力做到全局和局部相配套、治本和治标相结合、渐进和突破相衔接,实现整体推进和重点突破相统一,从而真正做到纲举目张。

可见,只有坚持党的全面集中统一领导,才能在推动生产关系和生产力、上层建筑和经济基础、国家治理和社会发展更好相适应的过程中发展和完善高水平社会主义市场经济体制,为推进中国式现代化持续注入强劲动力。

二、必须有效率最优化和效益最大化的资源配置

市场经济体制是迄今历史和现实所证明的最有效率的体制。市场经济通过价值规律、竞争规律、供求规律等客观经济规律,最大限度地发挥资源配置功能。因此,一个高水平社会主义市场经济体制必然以实现资源配置效率最优化和效益最大化为重要特征,并通过产权有效激励、要素自由流动、价格反应灵活、竞争公平有序、企业优胜劣汰来不断提升其资源配置能力。

(一)必须建立高标准市场体系

高标准市场体系是高水平社会主义市场经济体制的方向和重点,是适应经济高质量发展新要求、推进国家经济治理体系和经济治理能力现代化的关键举措,也是推动我国向强国目标新征程迈进的必然选择。一个高标准的市场体系,必须有高标准的市场体系基础制度、高标准的要素市场体系、高标准的市场环境和质量、高标准的市场基础设施、高标准的市场开放规则体系和高标准的现代市场监管机制。只有这样,才能在增强社会主义市场经济的竞争力和创新能力的同时,为实现中国式现代化、提升国家整体经济实力和国际竞争力打下坚实基础。

第一,要构建全国统一大市场。党的二十届三中全会明确强调要构建全国统一大市场,是以习近平同志为核心的党中央从全局和战略高度作出的重大决策。这深刻表明,一个高效规范、公平竞争、充分开放的全国统一大市场,是我们国家以中国式现代化全面推进强国建设和民族复兴伟业的有力支撑。[1] 2022年3月,中共中央、国务院印发的《关于加快建设全国统一大市场的意见》中,明确了加快建设全国统一大市场的总体要求、主要目标和重点任务。一个拥有超大规模体量和巨大增长潜力的市场,既是满足人民日益增长的美好生活需要的依托,又是发挥我国发展优势和应对"百年未有之大变局"的坚实依托,是最稀缺、最宝贵的资源。加快建

---

[1] 张国清.构建全国统一大市场(学习贯彻党的二十届三中全会精神)[N].人民日报,2024-07-29.

设全国统一大市场,可以充分发挥市场促进竞争、深化分工等优势,在更大范围内实现资源的优化配置、效率提升,同时有助于更好厘清政府与市场的边界,加快转变政府职能,不断提升政策的统一性、规则的一致性和执行的协同性。这不仅是一个高标准市场体系的必要条件,而且更是高水平社会主义市场经济体制的生动体现,很大程度上决定了中国经济未来的发展样貌。

第二,要深化要素市场化改革。党的二十届三中全会指出:"完善要素市场制度和规则,推动生产要素畅通流动、各类资源高效配置、市场潜力充分释放。"这深刻表明,深化要素市场化改革必须以深度融入全国统一大市场为前提,在完善要素市场制度的过程中,使价格机制真正引导生产要素的配置。早在2020年3月印发的《中共中央 国务院关于构建更加完善的要素市场化配置体制机制的意见》中就已经明确要"畅通要素流动渠道,保障不同市场主体平等获取生产要素,推动要素配置依据市场规则、市场价格、市场竞争实现效益最大化和效率最优化";2021年12月,国务院办公厅印发的《要素市场化配置综合改革试点总体方案》中,进一步细化包括土地、劳动力、资本、技术、数据等要素的分类细则,并加强对要素市场治理和激发要素协同配置效应的顶层设计,进一步将要素市场化改革推向纵深发展。实现要素市场化改革,是进一步全面深化改革的必然趋势和必然选择,是破解我国经济高质量发展难点和堵点、充分发掘体制潜力更好激发每个人的积极性和创造性的必然,必须着眼于"范围全覆盖、过程全贯通、生命全周期"[①]三个方面推动要素市场化改革落实落地,成为高标准市场体系中的一大重要组成。

第三,要完善市场经济基础制度。党的二十届三中全会对完善市场经济基础制度作出了重要决策部署,明确提出当前及今后一段时期完善市场经济基础制度的主要任务。习近平总书记曾在多个场合强调市场经济基础制度的重要意义。在参加十四届全国人大二次会议江苏代表团审议时,习近平总书记就强调,要围绕构建高水平社会主义市场经济体制,加快完善产权保护、市场准入、公平竞争、社会信用等市场经济基础制度,为完善市场经济基础制度指明了前进方向。一个系统完备的市场经济基础制度,是实现产权有效激励、要素自由流动、价格反应灵活、竞争公平有序、企业优胜劣汰的基础保障,是加快建设全国统一大市场、实现高标准市场体系构建的底层制度基础。[②] 然而也应该清醒认识到,现有的市场经济基础制度

---

① 常修泽.深化要素市场化改革需厘清的若干理论问题[J].人民论坛,2024(15):22—27.
② 郭丽岩.推进重点领域改革加快完善市场经济基础制度[N].学习时报,2024—05—17.

在社会主义与市场经济有机结合方面有待完善；在推动经济高质量发展的激励约束机制、塑造发展新动能新优势等方面的基础制度供给还不够充分；距发展新质生产力，进而形成与之相适应的新型生产关系所需的制度基础存在一定距离。唯有补齐市场经济基础制度的短板，才能在守正创新的过程中为高标准市场体系建设注入源源不断的制度动力。

（二）必须着力培育发展市场新动能

资源配置能力不仅要看量，更要看质，即通过资源配置方式的创新实现要素组合的优化创新。一方面，要通过持续推进所有制结构的发展优化，高水平推进市场组织建设，在市场组织体系发展优化的过程中释放发展新动能；另一方面，要切实发挥结构优化和技术进步等在实现经济量的合理增长和质的有效提升中的重要作用，以全要素生产率的提升为经济高质量发展提供强大的内在动力。

第一，要坚持"两个毫不动摇"，完善中国特色现代企业制度，推进高水平市场组织建设。企业是市场经济的主体，一个高标准的市场体系自然需要适应时代发展要求的现代企业。这就需要通过现代企业制度改革，在不断完善企业法人治理结构的过程中，建设与高标准市场体系相适应的产业组织结构。一方面，要提升国资国企改革成效，着眼于发展壮大实体经济，将国资国企向关系国家安全、国民经济命脉的重要行业和关键领域集中，向关系国计民生的公共服务、应急能力、公益性领域集中，向前瞻性战略性新兴产业集中，在抓好传统产业强基转型和新兴产业战略布局的过程中，持续推动国有资本和国有企业做强做优做大；另一方面，要不断优化民营经济发展环境，保障民营企业平等获取生产要素和政策支持，鼓励民营企业依法进入更多领域，引入非国有资本参与国有企业改革，更好激发非公有制经济活力和创造力，充分发挥民营经济推进中国式现代化的生力军作用，促进民营经济做大做优做强。

第二，要持续释放技术红利、结构红利、绿色红利，促进全要素生产率的有效提升。[①]一是通过技术创新形成更高质量、更优性能的产品和服务，实现生产工艺的改进，积极推进产业高端化、智能化、绿色化；二是通过生产要素的优化配置，实现要素组合的优化和跃升，助力产业结构深度调整，释放产业高质量发展的巨大潜力；三是通过绿色化改造，持续推进绿色科技创新和先进绿色技术推广应用，促进生产效率的整体跃升。这将从系统集成的高度更好激发劳动力、资本、土地、知识、

---

① 原磊.新质生产力为高质量发展注入动能[N].经济日报，2024-07-23.

技术、管理、数据等生产要素活力,更好体现知识、技术、人才的市场价值,从而带来社会生产力水平的跃升,推动高水平社会主义市场经济体制的发展成果更多更好地惠及市场主体和全体人民。

三、必须有高效能的宏观经济治理

科学高效的宏观经济治理是推进国家治理体系和治理能力现代化的客观要求,也是构建高水平社会主义市场经济体制的重要组成部分,对于推动经济高质量发展具有十分重要的指导意义。

党的十八大以来,我国对健全宏观经济治理的认识不断深入,成果不断累积。早在2013年11月,党的十八届三中全会就提出,"科学的宏观调控,有效的政府治理,是发挥社会主义市场经济体制优势的内在要求";2020年5月,《中共中央 国务院关于新时代加快完善社会主义市场经济体制的意见》中再次强调要"完善宏观经济治理体制""进一步提高宏观经济治理能力";2024年7月,党的二十届三中全会明确指出,使市场在资源配置中起决定性作用和更好发挥政府作用,进一步围绕处理好政府和市场关系这个核心问题,强调既"放得活"又"管得住",把构建高水平社会主义市场经济体制摆在突出位置。这充分体现了党中央以健全宏观治理体系促进经济社会高质量发展的决心和信心。

社会主义市场经济体制改革完善的过程,是我们党对市场经济规律认识深化和升华的过程,也是不断探索构建与生产力发展要求相适应的经济体制的过程。这就需要通过高效能的宏观经济治理,在推动生产关系与生产力、上层建筑与经济基础相适应的过程中,不断将中国式现代化推向前进。

(一)注重增强宏观政策取向一致性

党的二十届三中全会指出,科学的宏观调控、有效的政府治理是发挥社会主义市场经济体制优势的内在要求,必须完善宏观调控制度体系,增强宏观政策取向的一致性,在构建和完善高水平社会主义市场经济体制的过程中着力提高宏观经济治理能力。这是党中央创新和完善宏观调控的最新理念,也是中国特色宏观治理的又一重要理论成果。

第一,增强宏观政策取向一致性,要注重系统集成。一个高水平的社会主义市场经济体制,必须避免各项政策顾此失彼、彼此牵制。党的二十届三中全会强调要"完善国家战略规划体系和政策统筹协调机制",明确提出"促进财政、货币、产业、价格、就业等政策协同发力"以及"把经济政策和非经济政策都纳入宏观政策一致性评估"等要求,就是以全局观念和系统思维来谋划和完善宏观经济治理机制,以期实现重大战略之间、宏观政策之间、区域协调之间的积极联动效应、叠加效应乃至乘数效应,从而推动高水平社会主义市场经济体制在多重治理目标中寻求动态平衡,找到最优解,实现经济发展目标和社会发展目标的有机统一,进而转化为有效的、高质量的经济增长率。

第二,增强宏观政策取向一致性,要注重突出重点。深化财税体制改革是健全宏观经济治理体系、实现政策高效协同的枢纽环节。[①] 党的二十届三中全会的《决定》稿对财税体制进行了全面的审视和规划,在提升资源配置效率、塑造发展新动能新优势、推动健全保障和改善民生制度体系、防范财政风险以及推动国际经济合作等方面,推出了一系列重大改革措施;在深化金融体制改革的顶层设计方面,明确将畅通货币政策传导机制,积极发展金融"五篇大文章",完善金融监管体系和金融稳定保障体系,推动金融高水平开放,同时加强财税制度供给和政策保障,并深化金融供给侧改革。这表明财政和金融作为国家治理的重要支柱和现代经济的血脉,在构建高水平社会主义市场经济体制中的作用尤为凸显,必须重点抓好财税金融体制改革的相关工作,从而更好应对中国经济前进中的各种风险挑战。

第三,增强宏观政策取向一致性,要注重改革实效。党的二十届三中全会的《决定》稿在最后一条突出强调了"要以钉钉子精神抓好改革落实",这是推动高水平社会主义市场经济从构想走向实际的重中之重。要不断细化改革举措、密切跟踪改革进展,科学精准评估好高水平社会主义市场经济体制构建、发展和完善过程中各类经济政策、非经济政策的改革成效,统筹好经济层面总量与结构、供给与需求、产业与区域以及经济与社会的影响,从全局意识、责任意识的高度抓住高水平社会主义市场经济体制的发展关键,努力把中国式现代化愿景变成美好现实。

(二)推动有效市场与有为政府更好结合

党的二十届三中全会提出,"必须更好发挥市场机制作用,创造更加公平、更有活力的市场环境,实现资源配置效率最优化和效益最大化,既'放得活'又'管得住',更好维护市场秩序、弥补市场失灵,畅通国民经济循环,激发全社会内生动力和创新活力"。这深刻表明,实现有效市场与有为政府更好结合,是强化宏观政策

---

① 经济日报评论员.健全宏观经济治理体系——学习贯彻党的二十届三中全会精神[N].经济日报,2024—07—25.

统筹协调、增强宏观政策取向一致性的内在要求。

习近平总书记曾深刻地指出："我国经济发展获得巨大成功的一个关键因素，就是我们既发挥了市场经济的长处，又发挥了社会主义制度的优越性。"[①]自党的十八届三中全会提出要"使市场在资源配置中起决定性作用和更好发挥政府作用"以来，我们党围绕如何处理好政府和市场关系进行了不懈的探索。党的十九届五中全会进一步指出，"推动有效市场和有为政府更好结合"，通过用好"看不见的手"和"看得见的手"，努力形成市场作用和政府作用的有机统一、相互补充、相互协调、相互促进的格局。这是提升经济发展质量和效益、更好应对"百年未有之大变局"下明显增加的不确定性和不稳定性的必由之路。

一方面，坚持市场配置资源是最有效率的形式，只有构建产权有效激励、要素自由流动、价格反应灵活、竞争公平有序、企业优胜劣汰的市场环境，市场主体的活力才会更足，社会主义市场经济的发展空间才会更大。只有充分发挥市场在资源配置中的决定性作用，把市场机制能有效调节的经济活动交给市场，让市场在所有能够发挥作用的领域都充分发挥作用，才能推动资源配置实现效率最优化和效益最大化。

另一方面，也要清醒看到政府在解决市场失灵中的重要作用，更好发挥政府作用。市场在资源配置中的决定性作用并非全部作用，它的作用必须建立在宏观经济稳定、公共服务完备、市场竞争公平充分、市场秩序井然的基础之上，而这些都需要政府作用的发挥。更好发挥政府作用，关键是加快转变政府职能，在管好市场管不了、做不好的事情的同时，防止政府职能的错位、越位、缺位，真正实现市场机制有效、微观主体有活力、宏观调控有度，从而充分发挥"两只手"的各自优势，更好发挥高水平社会主义市场经济体制在加快转变经济发展方式、实现发展动能有序转换中的重要作用。

第二节　现代化强国目标下高水平社会主义市场经济体制的理论构想

党的二十届三中全会深刻阐释了高水平社会主义市场经济体制的丰富科学内涵，擘画了高水平社会主义市场经济体制的前进方向。面向本世纪中叶，高水平社

---

① 中共中央文献研究室. 习近平关于社会主义经济建设论述摘编[M]. 北京：中央文献出版社，2017：64.

会主义市场经济体制仍要在全面推进强国建设、民族复兴伟业中大有作为。在深入学习领会党的二十大和党的二十届三中全会精神的基础上,本节将围绕2035年和本世纪中叶两个重要时间节点,就全面建成社会主义现代化强国目标下高水平社会主义市场经济体制的构建和发展提出理论构想。

一、面向本世纪中叶的"两步走"总体目标

(一)2035年总体目标展望

到2035年,高水平社会主义市场经济体制全面建成,生产力得到进一步解放和发展,社会活力进一步解放和增强,市场经济体制在实现经济高质量发展中的作用日益凸显,社会主义现代化基本实现。

到那时,党全面领导下的有为政府与有效市场更加协同配合,宏观经济发展目标与微观主体获得感之间的"温差"得到持续改进,经济社会高质量发展、高效能治理、高水平开放、高品质生活协同推进。

1. 党的全面领导始终引领经济高质量发展的正确方向

党的全面领导始终引领经济高质量发展的正确方向,汇聚经济高质量发展的强大合力。在引领正确发展方向方面,"以人民为中心"的发展思想贯穿经济社会改革发展稳定的各项事业、各个方面和全部过程,人民群众的获得感、幸福感、安全感普遍跃升,人民群众的劳动收入份额占据主导、财富规模健康增长;党在经济领域"总揽全局、协调各方"的核心领导制度体系、"力量凝聚、目标引领、创新示范"的新型举国体制、"取向一致、协同联动"的战略方针政策制定体系、"注重实效、精准有力"的重大决策部署落实机制、不同所有制企业党建引领企业成长的内在机制全面建成并运转;党在经济领域的政治领导力、思想引领力、群众组织力、社会号召力进一步增强,人类命运共同体取得建设性进展。

2. 政府在高水平社会主义市场经济体制中的作用得到更好发挥

政府以发展创新能力为核心的宏观经济治理能力和治理效能迈上新高度,一个以国家发展规划为战略导向、以实现"保持宏观经济连续稳定,加强和优化公共服务,保障公平竞争,加强市场监管,维护市场秩序,推动可持续发展,促进共同富裕,弥补市场失灵"为主要内容、统筹兼顾就业产业环保区域等各类社会民生发展目标的宏观经济治理体系顺利运行;我国涉外经贸、战略、规则制定等领域的话语权显著增强,规则、规制、标准、管理等制度型开放处于世界领先水平。

3. 市场在资源配置中的决定性作用进一步发展

市场创新功能得到深度激发,要素市场中各类新型生产要素不断涌现、传统生产要素质量持续提升,新型生产要素同传统生产要素在资源匹配、技术转化、产业应用等环节的使用效能进一步跃升;商品市场内部营商环境、服务能力、创新融合功能处于世界领先水平,形成具有区域领导力和世界影响力的商品流通平台、扩大内外需求的重要载体、优化商品供给的重要引擎,并催生带动一批具有国际竞争力和世界影响力的创新型企业;竞争政策的基础性地位得到进一步确立,商品和要素流动自由度进一步提升,高水平制度型开放全面实现,高标准市场体系进一步成熟。

(二)2050年总体目标展望

到2050年,高水平社会主义市场经济体制运转更加顺畅,市场经济体制在推动和实现共同富裕、为国计民生提供有力物质保障、协同其他各类经济社会发展目标中发挥重要作用。

到那时,"有力政党、有为政府、有效市场、有机社会"实现四位一体高效运转,我国社会生产力发展水平居于全球领先,社会活力持续形成迸发,宏观经济增长目标与社会发展目标一体推进并同微观主体获得感保持高度一致,富强民主文明和谐美丽的社会主义现代化强国目标全面实现。

1. 党的全面领导与高水平社会主义市场经济内生融合

党的全面领导与高水平社会主义市场经济内生融合,成为引领高水平社会主义市场经济体制发展方向、实现高水平社会主义市场经济内生活力和发展动力持续高质量增长、支持各类所有制企业稳定健康发展的核心力量。党在经济领域的全面领导,完全实现了经济高质量发展与政治、文化、社会、生态文明领域建设要求的内在协同;全产业、各地区的生产社会化、协同化程度达到前所未有的高度;以人民主体性为核心的高水平社会主义市场经济体制成为可复制、可推广的制度样板,经济高质量发展的"中国模式"完整确立并获得举世瞩目,具有世界影响力的中国特色社会主义市场经济文明正式形成,人类命运共同体开始实质性建立。

2. 政府宏观经济治理更加符合社会主义现代化发展要求

社会主义市场经济所有制结构中,公有制经济比重持续增加,集体经济、混合所有制经济等经济形态比重持续提升;科技创新体制机制、开放型经济新体制、收入分配和财富积累制度等与高标准市场体系的运行完全适应、相互促进;全社会资本增长速度与社会化大生产增长规模、人民群众收入增长规模基本相适应,人民群众劳动收入份额占据绝对主导,社会财富积累结构和积累秩序更加公平合理,全体人民共同富裕取得实质性进展;我国独立自主的经济高质量发展体系完整建立并顺畅运转,且在全球经贸发展领域具有举足轻重的话语权,在经贸规则制定领域具有举足轻重的主导权。

3. 市场的发展更好与社会主义基本经济制度发展要求相适应

市场主体活力极大释放且与社会生产力发展水平相适应,市场开放的程度、领域和范围处于世界领先水平;竞争政策的基础性地位完全确立,市场体系的创新创造功能稳定高水平运行;市场规则规制的系统性、社会化大生产的高效性、要素和商品生产流通的协同性更加凸显;市场体系法治化、数智化、国际化程度全球领先,市场规则、规制、标准、管理等实现自主更新、动态优化。

4. 社会力量在高水平社会主义市场经济体制中发挥重要作用

社会在开展动员攻坚、稳定经济预期、优化资源配置中的作用不断显现,社会主义核心价值观的弘扬和升华成为完善和发展高水平社会主义市场经济体制的一大重要力量。人民群众的凝聚力、集体力达到新高度,在科研攻坚、防灾减灾救灾、污染防治、市场监督等领域起到重要的补充和支持作用;基于中华民族传统文化和优秀道德品质的企业家精神、教育家精神、科学家精神,成为凝聚市场内力的内在规范、稳定由不确定的外部风险环境带来的预期扰动的有效手段;立足自愿、无偿价值取向的第三次分配成为中国特色社会主义分配制度的重要补充,市场文明、物质文明、精神文明实现全面融合。

二、构建高水平社会主义市场经济体制的三个"基本原则"

(一)基本原则一:始终坚持党对经济工作的全面集中统一领导

1. 党的领导始终是把稳中国特色社会主义正确发展方向的根本保证

中国共产党的领导,是中国特色社会主义最本质的特征。不论是人民当家作主还是集中力量办大事,不论是公有制为主体、多种所有制经济共同发展还是走共同富裕道路,离开了党的全面领导都可能偏离社会主义制度发展的正确轨道,都无法将制度体系功能真正转化为国家治理的效能。党的领导制度是我国的根本领导制度,经济工作是党的中心工作,党的领导当然要在中心工作中得到充分体现。无论是过去、现在还是将来,党对经济工作的全面集中统一领导始终是全国人民的主心骨、定盘星,始终是确保中国特色社会主义制度不褪色、不变味、不变调的坚强领导保证。

2. 坚持党的领导始终与经济发展阶段相适应

党的十八大以来,在新中国成立特别是改革开放以来我国发展取得的重大成就基础上,党和国家事业发生历史性变革,我国发展站到了新的历史起点上,中国特色社会主义进入了新的发展阶段。党的十八届五中全会首次提出"创新、协调、绿色、开放、共享"的新发展理念,科学回答了关于发展的目的、动力、方式、路径等一系列理论和实践问题,并在贯彻到经济社会发展全过程和各领域的过程中,实现了经济社会的质量变革、效率变革、动力变革,在统筹发展和安全、开放和安全的过程中加快构建新发展格局,在因地制宜发展新质生产力的经济实践中推动现代化产业体系建设的不断发展完善。这表明,党中央加强对经济工作的战略谋划和统一领导,重在完善党领导经济工作体制机制,注重发挥党把方向、统大局、保落实的作用。只有坚持党的领导,用与经济发展阶段相适应的发展理念来管全局、管根本、管方向、管长远,才能从根本上决定和保障我国的经济发展成效。

(二)基本原则二:始终坚持不断发展和完善社会主义基本经济制度

社会主义基本经济制度在经济制度体系中具有基础性、决定性地位,对其他领域制度建设及国家治理效能具有重要影响。

1. 推动不同所有制经济更好适应社会主义制度发展的内在需要

坚持和完善公有制为主体、多种所有制经济共同发展,在激发各类市场主体活力的同时,推动各种所有制经济更好适应社会主义制度发展的内在需要。公有制经济和非公有制经济都是社会主义市场经济的重要组成部分,都是我国经济社会发展的重要基础。一方面,伴随高水平社会主义市场经济体制的不断演进,公有制经济在发展独立完整的产业体系、系统有效的金融体系、庞大顺畅的基础设施体系、充满活力的科技创新体系、富有韧性的宏观治理体系、普惠包容的社会保障体系、强大有力的国家安全体系等方面要有更大作为,不仅是保证经济持续健康发展的"压舱石"、社会和谐发展的"稳定器"、国家安全和国防军事工业的重要基础,而且还应该成为科技进步的"引领者"和"支持者"、人民美好生活的"保卫者",真正在高水平社会主义市场经济体制中成为社会主义现代化强国建设的中坚力量;另一方面,要进一步完善非公有制经济"孕育—初创—发展—成熟"的全链条生命周期发展体系,在做优做强非公有制经济的同时,通过战略引导和管理制度变革,以混合所有制改革为抓手,推动成熟的非公有制经济形态平稳朝着更加适应社会主义制度发展需要的方向转化,构建公有制经济与非公有制经济由"二元对立"向"二元并存"转化的体制机制。

2. 不断发展完善社会主义基本分配制度

坚持以按劳分配为主体、多种分配方式并存,更加重视完善初次分配制度,更加健全再分配调节机制,不断鼓励引导三次分配制度落地见效。在初次分配方面,坚持多劳多得,着重保护劳动所得,增加劳动者特别是一线劳动者劳动报酬,提高劳动报酬在初次分配中的比重;在再分配方面,注重以税收、社会保障、转移支付等合理调节城乡、区域、不同群体间分配关系,不断优化完善包括遗产税、房产税等在内的直接税制度体系,更加注重对过高权益收入和不合理财富所得的税收调节;在第三次分配方面,要结合社会道德、传统文化、公序良俗等非制度性因素,以社会文明建设为抓手更好发挥第三次分配的重要作用。

3. 始终坚持社会主义市场经济

不同于马克思体系中的消除两极分化需要消灭资本的逻辑,我国的高水平社会主义市场经济体制不是要消灭资本,而是要通过深入把握资本发展规律,解决"在社会主义市场经济条件下规范和引导资本健康发展"问题。因此,一方面要坚持通过发展社会主义市场经济,高标准、高水平地发展要素市场、商品市场,实现各类先进优质生产要素和高质量商品的充分流通;另一方面要注重规则、规制、标准、管理的协同配合,在实现劳资和谐、推动劳资合作的过程中,实现"生产者的劳动不仅是谋生的手段,而且还是生活的第一需要"的目标,从而奠定扎实推进共同富裕这一总目标的市场基础。

(三)基本原则三:始终坚持自信自立

独立自主是中华民族精神之魂,是我们立党立国的重要原则,也是高水平社会主义市场经济推动中国发展进步的重要方法原则。要在社会主义正确发展方向下实现市场经济发展的战略自主、发展自主,形成以"统一、竞争、开放、有序"的现代市场体系为基础,更高质量、更高效能、更加安全、更可持续的社会主义市场经济的现代化发展模式。

1. 坚持往内挖潜完备社会主义市场经济现代化的发展能力

改革开放以来,我国经济发展主要通过"两头在外"的发展来实现:一方面,从国外吸引资金,利用外部资源;另一方面,将国内产品大量出口到国外。经过四十多年的发展,特别是加入世贸组织后,我国加入国际大循环,市场和资源"两头在外",形成"世界工厂"的发展模式,对我国快速提升经济实力、改善人民生活发挥了重要作用。但现阶段,"两头在外"的发展模式已经面临很多挑战,不能只是依赖外部的市场、资源及技术，而更应该强化自身发展能力，通过因地制宜发展新质生产力、发展现代化产业体系，提升自身科技创新能力、要素配置能力、高质量生产和流通能力、平急两用的市场动员和号召能力、强有力的制度保障和安全保障能力，从而保障我国的社会主义现代化强国建设行稳致远。

2. 坚持以高水平开放汇聚八方优质生产要素

新时代要进一步丰富"引进来"和"走出去"的内涵，既要注重高端先进人才、技术、生产要素的"引进来"，又要推动本土具有全球竞争优势的产业参与并主导全球经贸规则制定，依托"一带一路"倡议构建高水平经贸合作体系、构建人类命运共同体，真正实现"美美与共，和而不同"的"走出去"。

三、高水平社会主义市场经济体制的三大"基本内涵"

（一）基本内涵一：实现新发展格局与新安全格局的高水平融合发展

统筹发展和安全是一个辩证的、动态的历史进程。改革开放以后，党和国家工作中心转移到经济建设上来，发展成为党执政兴国的第一要务。与此同时，我们党统筹推进改革开放和打击犯罪、经济建设和法治建设，突出强调正确处理改革发展稳定的关系，在推动我国经济社会快速发展的同时，维护了社会大局稳定，创造了经济快速发展和社会长期稳定两大奇迹。迈上新时代新征程，我国发展站在了新的历史起点上，外部环境也发生了重大变化，必须加快构建以国内大循环为主体、国内国际双循环相互促进的新发展格局。构建新发展格局的一大重要原因就是，安全格局也发生了重大变化，我国赖以发展的外部环境中不确定的难预测因素增多，各种"黑天鹅""灰犀牛"事件随时可能发生，外部风险大增。这些都对国家安全工作提出了新的更高要求。国家安全是建成并发展高水平社会主义市场经济体制的重要前提，我们要立足高水平社会主义市场经济体制来构建新发展格局，就必须以构建新安全格局来保障。

1. 坚持党的集中统一领导与激发市场活力相结合

坚持党的集中统一领导与激发市场活力相结合，构建平急两用的高水平社会主义市场经济体制。"皮之不存，毛将焉附"，党的集中统一领导是保障发展环境所必需的政治主动，是经济社会一切发展的根本所在。只有牢牢掌握政治上的主动，才能有力维护国家主权、安全和发展利益。要在党的集中统一领导下激发市场主体参与的积极性、主动性，牢牢掌握粮食安全、能源安全、金融安全等资源供给的主动权,牢牢掌握前沿科技领域、国家重大需求领域、人类生命健康领域等方面创新发展的主动权,牢牢掌握"陆海空天"物理空间开拓、经贸合作规则空间开拓、数字网络安全空间开拓、新兴领域技术空间开拓等方面对外开放合作的主动权。

2. 坚持系统谋划与精准施策相结合

构建协调联动、共同发力的高水平社会主义市场经济体制。要善于运用普遍联系的、全面系统的思维构建新安全格局,并善用发展的方法化解新安全格局构建中面临的资源和要素矛盾。要把安全的理念和行动嵌入统筹推进"五位一体"总体布局、协调推进"四个全面"战略布局之中,加快构建集政治安全、国土安全、军事安全、经济安全、文化安全、社会安全、资源安全、网络安全、核安全等多方面安全于一体的系统性安全格局,强化监管和精准施策,及时化解出现的苗头性安全风险,有效避免单一风险演变成系统风险,牢牢守住安全底线。同时深入推进改革创新,着力破解深层次体制机制障碍,把中国特色社会主义市场经济的制度优势转化为提升国家安全能力的治理效能,从而在推动新安全格局与新发展格局相适应的同时,实现经济社会各领域发展和安全的系统互联、整体互通、协同互动。

(二) 基本内涵二:实现各类经济发展因素的有效竞合

竞争是市场经济最基本的运行机制,竞合则是更高级的竞争形态。竞争机制从单纯竞争迈向多重竞合,是市场经济体系走向完备成熟的重要标志。在竞争的基础上合作,在合作的过程中竞争,有助于降低企业成本、推动产业链各环节之间减少摩擦损耗,从而在推动行业良性发展的过程中提升国家的核心竞争力。

1. 微观:推动企业由竞争走向竞合

就微观的企业个体而言,走向竞合,是抵抗风险、突破发展"瓶颈"的有效手段。实现现代化强国目标的社会主义市场经济体制,需要具有应对不确定性、实现创新驱动发展的能力。单一的、低水平的竞争容易导致重复建设、资源浪费等情况,而竞合中的企业个体,则可以通过减少摩擦、优势互补、共同创新,搭建企业间包括资本、劳动力、数据、知识、技术等各类要素流通、创新发展的平台,减少创新成本和风险。

2. 中观:实现产业链高水平韧性发展

就中观的产业链发展而言,实现产业链高水平韧性发展,主要通过关键技术自主可控、企业间高效协同来实现产业链发展完备化、产业发展集群化、创新要素聚合化、产业门类系统化,从而让资源在更大范围得到充分流动、合理配置,形成"1+1＞2"的效应。

3. 宏观：形成经济发展共赢的良性发展模式

就宏观的国家经济发展而言，竞合是经济社会整体发展迈向高质量发展的必然趋势。一方面，在外部环境深刻复杂变化的情况下，经济社会稳定发展也需要更多的竞合来减少内部摩擦，强壮自身肌体，抵御外部风险，形成经济发展的内在韧性；另一方面，由企业间、产业间竞合带动的城市之间、地区之间的竞合，有助于形成经济社会共生共存共赢的良性发展机制，从而通过质量变革、效率变革、动力变革，实现经济高质量发展，开创中国式现代化发展新局面。

（三）基本内涵三：实现经济领域和非经济领域的协调配合

在新发展阶段，我国经济发展的整体性特征越来越明显，不能只有GDP的增长，还需要统筹考虑经济社会各个方面相互关联、彼此制约的关系。因此，现代化强国目标下的社会主义市场经济体制，必然聚焦经济建设这一中心工作和高质量发展这一首要任务，将政治、社会、文化、生态文明等其他非经济因素加以统筹考量，实现"五位一体"总体布局的协同一致与动态调节，为市场竞合营造更好的发展环境。

1. 更好把握经济与政治的关系

一方面，经济制度的建立、发展和有效运转，必须依靠国家政权。上层建筑如果与经济基础的要求相一致，就会推动生产力发展；相反，则会给生产力发展带来巨大损害。另一方面，社会主义社会一部分国家职能属于经济职能，如财政税收、货币政策、收入调节、社会保障、市场监管、科技创新、环境保护、教育卫生，乃至直接投资基础设施和建立国有企业等。伴随经济活动集成化、系统化、协同化特征日益显现，国家承担的经济职能不会越来越少，反而越来越多。在这一过程中，政治民主与经济平等之间的关系日益融合，使得广大劳动者的参与程度达到空前高度，全过程人民民主得到极大促进。

2. 更好把握经济与社会的关系

正确处理人民内部矛盾，建立健全党和政府主导的维护群众权益机制，加快形成党委领导、政府负责、社会协同、法治保障的社会管理体制，实现人民群众学有所教、劳有所得、病有所医、老有所养、住有所居，是实现社会发展进而反哺经济大局稳定的重要抓手。只有兜牢、兜准、兜住民生保障底线，彻底解决好人民群众最关心、最直接、最现实的利益问题，才能为经济稳定发展、推动竞合氛围的形成提供基础。

3. 更好把握经济与文化的关系

一方面，中华优秀传统文化有助于建立在人与人关系基础之上的"人—物—

人"即"主—客—主"的思维框架,更好发展我国在数千年中形成的忠君报国、崇尚民族利益的文化背景与道德规范;另一方面,在长期的革命和建设实践中,我们党形成了一整套优良革命传统,在全社会形成了以爱国主义、集体主义、社会主义为核心的社会公共道德。以上两个方面形成了我国实现"竞合"的独特文化优势,并有望成为社会主义制度体系之外的有益补充和有力支持。

4. 更好把握经济与生态文明的关系

生态环境保护不仅不会给经济发展造成阻碍,反而会助力经济发展,并内化为经济发展的一个重要组成部分。生物、材料、能源、电子等一系列高新科技的发展和应用,有助于促进科技创新及创新成果产业化,拓展科技和经济发展空间,以产业绿色化和绿色产业化打破要素禀赋约束,形成可持续的生态农业、生态工业、生态服务业体系。

四、构建高水平社会主义市场经济体制的重要"方法论"

(一)坚持以人民为中心的发展立场

社会主义经济发展与资本主义经济发展的根本区别就在于,是以人民为中心还是以资本为中心,是为多数人的利益还是为少数人的利益。"让广大人民群众共享改革发展成果,是社会主义的本质要求,是社会主义制度优越性的集中体现,是我们党坚持全心全意为人民服务根本宗旨的重要体现。"以人民为中心的发展本质是一种为人民谋利益、让人民过上幸福生活的发展,这就要求在发展过程中紧密依靠人民,把人民作为最重要的发展力量,确立人民在生产劳动中的主人公地位,切实保障人民群众的劳动所得,真正做到把发展成果惠及全体人民。

(二)坚持以新发展理念为指导

新发展理念是一个有机整体,它由创新发展、协调发展、绿色发展、开放发展和共享发展五种理念融汇而成。坚持新发展理念有助于在发展过程中把握住矛盾的主要方面和次要方面,形成符合具体情况的发展格局,从而高效地解决突出问题,切实提高发展质量,保证人民利益。

(三)坚持以促进经济社会的整体协同发展为抓手

人的发展并非单纯地追求物质财富的丰富。我们能愉快而充实地度过每一天,除了消费必要的物质产品,身处良好的自然环境、获得来自他人的情感支持,以及汲取丰富的精神财富都是不可或缺的。人的全面发展依赖于社会的全面发展,社会的各组成部分应当作为一个整体进行协同发展。如果盲目追求经济的快速增长，单纯致力于物质财富的过剩生产，就会使经济发展脱离其所处的社会环境，破坏社会发展的整体性，使社会成员个人的发展走向片面化，背离其追求全面发展的本质，从而造成极高的经济发展代价，降低当下人民的幸福感。因此，要充分发挥国家对市场经济的调节作用，将市场的运作内嵌于社会的运行中，促进并保障经济社会的整体协同发展，为实现个人的全面发展奠定物质和社会基础。

（四）坚持以实现全体人民共同富裕为发展的结果导向

"社会主义的本质，是解放生产力、发展生产力，消灭剥削，消除两极分化，最终达到共同富裕。"共同富裕是社会主义根本任务和根本目的的统一，是对社会主义本质的集中概括。共同富裕是公平与效率的统一，既要做大蛋糕，又要分好蛋糕。这就要求将社会主义制度与市场经济有机结合，坚持以公有制为主体，提高国家驾驭市场经济的能力，从而克服市场经济内在的两极分化倾向，让市场经济不再成为少数人剥削多数人的工具，确保在不断发展生产力的基础上实现劳动者个人财富和社会共同财富的协同增长。

综上所述，现代化强国目标下的高水平社会主义市场经济体制，就是要从处理好政党、政府和市场间关系入手，构建适应这三者间关系结构的经济体制机制，形成同社会发展相适应、共促进的经济秩序。

五、适应高水平社会主义市场经济的制度体系展望

（一）健全宏观经济治理体系

到2035年，党在经济工作中的统一领导作用得到有力体现，有为政府与有效市场间形成良性互动。与高质量发展要求相适应、体现新发展理念的宏观调控目标体系、政策体系、决策协调体系、监督评价体系和社会保障体系系统建立，宏观调控前瞻性、针对性、协同性明显增强，国家治理体系和治理能力实现现代化。

到本世纪中叶，"有力政党、有为政府、有效市场、有机社会"的四位一体组织体系系统形成，市场经济发展与我国经济社会发展方向更好相融。宏观调控更加协调有效，现代财税制度保障更加科学有力，产业政策和区域政策体系更加系统完善，社会信用体系和新型监管体制更加精准有效，打造国家治理体系和治理能力的全球样板。

(二)健全绿色发展体制机制

到 2035 年,绿色低碳产业发展壮大,绿色制造和服务体系加快构建。包括生产过程的清洁化、资源利用的循环化、要素使用的集约化、能源消费的低碳化、产品供给的环保化等在内的产业绿色化蓬勃发展,形成了兼具绿色化和高效能的生产力质态的发展基础。

到本世纪中叶,生态保护补偿制度和生态产品价值实现机制全面运行,产业生态化和生态产业化进程协同推进,经济社会绿色化发展的社会化程度达到新高度。全社会形成环境更加友好、发展更可持续、模式更可推广的新质生产力质态和绿色产业新业态。

(三)健全完备的市场基础设施体系

到 2035 年,基础设施的体系化、品质化、绿色化、低碳化、智慧化发展全面推进,引领产业发展和维护国家安全的基础设施布局适度超前,中小城市和薄弱地区基础设施短板加快补齐。

到本世纪中叶,"绿色低碳、安全韧性,民生优先、智能高效,系统协调、开放共享"的基础设施体系全面建成,形成全球领先的体系化平急两用基础设施网络。

(四)健全高水平对外开放体系

到 2035 年,我国高水平对外开放的范围领域不断延展,自由贸易试验区、自由贸易港、国家级新区和开发区等对外开放平台建设达到新高度,规则、规制、管理、标准等制度型开放形成实质性突破。

到本世纪中叶,国内统一大市场与全球经贸市场之间更为紧密融合,一批具有关键核心技术主导能力、行业标准和规则制定能力的跨国企业得以形成,以人民币跨境结算为核心的贸易投资自由化、便利化体系系统构建,我国在积极参与全球经济治理体系变革中扮演主导角色。

第三节 高水平社会主义市场经济体制的核心要件

高水平社会主义市场经济体制,必然具有高素质高层次的市场主体、高质量的生产资料和高效能的生产方式、高标准市场体系,以及适应高水平社会主义市场经济发展的组织和制度体系。

一、高素质高层次的市场主体

人是一切经济活动和经济关系的承担者。高水平社会主义市场经济体制是造就高素质高层次市场主体的宏观条件和社会基础,各类市场主体既在社会主义市场经济活动中实现了内生发展活力和竞争能力的增长,同时又注重在发展生产经营能力的同时更好保护和发展劳动者利益,形成了内在的正向循环。

(一)个体在构建高水平社会主义市场经济体制中的发展定位

个体是高水平社会主义市场经济体制中的最小单元。农户和居民的发展意识和技能水平不断提高,使得他们不再只是农业劳作的"体力耗费"的总和,而是更加注重个体的自主能力发展,在高水平社会主义市场经济体制中体现着越发多元的发展目标。这具体表现在三个方面:

第一,通过发展专业化生产和集约化经营,扩大商品生产的范围和比例,提高生产经营效率和市场竞争力,增强收入的稳定性,进一步提高家庭成员的生活水平。

第二,维系强烈的情感需要和社会地位需要,通过实现主体活动在时间和空间上的扩展,在追求家庭与邻里和睦的同时,不断实现个体交往能力、经贸能力、生产经营能力的多向发展。

第三,向上发展并充分运用自身才能和品质致力于自我实现的需要。科学技术的巨大发展带来的生产过程科学化、管理现代化、经验知识化,为个体掌握科技、提升思维、拓展视界创造了条件。伴随县域经济和农户市民化进程的发展,到本世纪中叶,农户有望享有与城镇居民同等的医疗待遇,拥有更多自我实现的机会。

在社会主义现代化强国目标下,个体的技能素养得到更加充分发挥。在社会化协同和数智技术的带动下,个体的复杂劳动效能得以海量释放,以个体为单位发现新产品、开发新技术、发展新产业、开辟新市场的经济主体成为新可能,并逐渐成为推动经济发展的全新组织形态和增长基础。

(二)企业在构建高水平社会主义市场经济体制中的发展定位

作为高水平社会主义市场经济生产组织形态的基本单位,企业在从事产品和劳务生产、满足社会生存与发展需要中的作用不可替代。

高水平社会主义市场经济体制中的企业承担着四重角色:(1)作为社会再生产的主体,企业通过生产和流通过程将商品和劳务送达消费者,从而有序顺利地完成整个生产和流通过程,从根本上决定着社会再生产的实现;(2)作为创新主体,企业通过不断提高自主创新能力、提高劳动生产率,源源不断地提供高质量商品和劳务,以满足消费者日益增长的消费需求;(3)作为国民经济的主体,企业的活力、创新力、竞争力是国民经济强大韧性和发展潜质的重要保证,是社会财富创造的决定性力量;(4)作为社会经济制度的基础,企业从事生产经营活动要采取一定的组织形式,体现一定的社会经济关系。因此,企业是高水平社会主义市场经济体制"肌体"的重要组成,深刻影响着社会经济制度的性质和运行方式。

社会主义现代化强国目标下的企业,需要统筹兼顾两方面的目标:(1)经济目标,即一般认识中企业基于对经济效益的追求而设定的利润最大化目标、市场份额最大化目标等。它是保障企业自身生存和可持续发展的物质条件,推动企业通过改进技术、提高经营管理水平、增强创新能力、扩大经营规模、增强竞争实力等方式,实现社会经济竞争中最基本的发展存续。(2)社会目标,即企业为承担必要的社会责任而设定的目标。对员工的责任、对消费者的责任、对所在地区的责任、对国家和人民的责任等多层次的社会责任,是企业成长发展过程中无法回避的命题。这不仅对保护生态环境、合理利用资源、地区经济发展具有积极的社会价值,也有助于提升企业形象声誉和品牌竞争力,实现其商业上的成功。伴随高水平社会主义市场经济体制的发展推进,企业越发需要依托核心业务开展可持续的社会责任,将社会责任管理融入企业经营管理中并内化为企业发展的使命和担当。[①]

值得注意的是,社会主义现代化强国目标下的现代企业发展,还可能形成以下三种趋势性特征:(1)龙头企业生产的社会属性乃至公共属性趋于明显;(2)平台企业公共化、无实际控制人化趋于明显;(3)企业组织形态存在网络化、去实体化倾向,同时企业社会化协同又可能使得资本存在集中化、联合化的特征。

二、高质量的生产资料和高效能的生产方式

高质量的生产资料和高效能的生产方式是实现经济高质量发展的必要条件。高质量的生产资料,包括有形的商品、无形的信息技术服务等,为生产力发展的质的飞跃奠定坚实基础;高效能的生产方式则深刻改变社会主义市场经济的发展面貌,成为推动经济社会发展的重要力量。两者相互促进,在生产资料质量革命性提

---

① 史佳卉.社会责任是企业做大做强的基石[N].经济日报,2018-04-20.

升、生产要素资源配置体系化、生产要素使用绿色化集约化过程中，以新质生产力的发展推动高水平社会主义市场经济体制的向前发展。①

第一，高质量的生产资料，必然以颠覆性、原创性技术突破作为发展的核心点。科技自立自强是国家强盛之基、安全之要，也是形成和发展新质生产力的题中应有之义。新时代，我国陆续出台一系列发展规划，推动新型工业化发展，培育壮大战略性新兴产业，推动一些关键核心技术实现突破，一些领域正在由跟跑变为并跑甚至领跑，数智技术、绿色技术等先进适用技术成为我国主动适应和引领新一轮科技革命和产业变革的重要力量。高水平社会主义市场经济体制，必然以坚持智能制造为制造强国建设的主攻方向，以数字技术进一步推动各类生产要素有机组合，以智能技术持续提高全要素生产率和经济潜在增长率，在激发各类生产要素活力、企业降本增效、产业链资源整合集成、产业结构优化升级等方面发挥更大作用，持续为高水平社会主义市场经济体制赋能增效。

第二，高效能的生产方式，必然以社会化大生产作为发展的支撑点。以高效能的生产方式推进产业融合化，是提升产业体系整体效能的必然要求，也是提升高水平社会主义市场经济发展能级的需要。推动三次产业之间、大中小企业之间、上中下游企业之间高度协同耦合，有利于推动实现产业发展供求高水平动态平衡、产业链向高端化跃升、产业经济循环畅通，形成良好产业生态，更好释放产业网络的综合效益。在高水平社会主义市场经济体制下，高效能的生产方式有助于战略性新兴产业融合集群的大力发展，在生产方式的彼此协同和深度融合中实现创新资源整合集聚、技术力量发展壮大，形成分工细化和协同合作的产业发展格局。同时在微观层面，以全生命周期管理、供应链管理、系统化的管理流程再造为核心的生产方式变革，有助于不断强化生产性服务业在发展和壮大实体经济中的重要作用，进一步推动我国制造业发展向价值链高端延伸，真正为高水平社会主义市场经济赋能增效。

第三，高质量的生产资料与高效能的生产方式的有机结合，必然以绿色低碳、可再生修复作为发展的出发点和落脚点。绿色发展是经济高质量发展的底色，也是高水平社会主义市场经济体制发展的必由之路。习近平总书记强调："加快绿色科技创新和先进绿色技术推广应用，做强绿色制造业，发展绿色服务业，壮大绿色能源产业，发展绿色低碳产业和供应链，构建绿色低碳循环经济体系。"高质量的生

---

① 刘元春.以科技创新引领现代化产业体系建设（人民要论）[N].人民日报，2024-02-21.

产资料与高效能的生产方式有机结合,有助于积极稳妥推动工业绿色低碳发展,深入落实工业领域碳达峰实施方案,深入推进能源绿色化、资源集约化利用,完善能源消耗总量和强度调控,从而更好培育绿色增长新动能,以更小的生产成本实现更大的经济社会发展效益。

因此,高质量的生产资料和高效能的生产方式,在技术特征上,为更加集约、更可持续的生产力发展提供物质基础,进一步推动产业分工协作范围和深度的革命性延展;在社会生产特征上,实现了高效利用、集约利用、循环利用、开发利用生产资料,为形成高科技、高质量、高效能的社会化大生产提供有利条件;在自然物质特征上,则为全产业绿色化转型升级、建成并完善绿色低碳的社会化循环生产体系提供重要保障。

三、高标准市场体系

高水平社会主义市场经济体制,必须有高标准市场体系。对于这一市场体系,在具有统一性、完整性、竞争性、开放性和有序性等市场体系一般特征的基础上,还应结合社会主义制度特征形成进一步的发展。

(一)高标准市场体系建设的发展原则

1. 立足统一性,统筹发展和安全

低水平的市场体系通常具有不健全的市场制度,从而市场出现无序竞争、信誉缺失等问题,对正常市场秩序造成严重干扰,带来巨大的效率损失和高昂的交易成本。高标准市场体系应当是制度化水平日益完善、法治化程度不断提升的市场体系,市场主体的一切活动都要在法律保障和制度框架下进行,从而在形成一致的市场主体规范、理性的行为的前提下,实现市场经济的发展。

2. 立足完整性,形成内在创新动力

高标准市场体系还应要求市场主体对从事技术创新、管理创新、制度创新等活动提供更多正向激励,培育创新型人才和创新型企业,通过提升市场基础设施水平、畅通创新网络循环等方式,推动技术创新更好满足市场主体的要求,形成市场的资源共享、协调互补、高效配置。

3. 立足开放性,持续深化高水平对外开放

高标准市场体系应当在更大范围、更宽领域、更深层次推动对外开放,顺应全球经济格局调整和经济治理体系变革的历史潮流,依靠自主创新塑造新优势,全面

对接国际高标准市场规则体系,推动我国市场体系更好迈向高水平制度型开放。

4. 立足有序性,为高水平社会主义市场经济提供有力秩序保障

高水平社会主义市场经济的运行秩序可以被概括为有力政党、有为政府、有效市场三位一体的有序运作状态。

第一,形成有力政党。一方面,党能够准确地把握时代发展的方向,谋划出最有助于广大人民利益的发展战略,并对各方进行强而有力的领导;另一方面,民众会积极响应党的领导号召,自觉地根据党制定的发展蓝图来规划自身的发展前景,并且广泛认同党的意识形态工作,形成统一的社会共识,产生强大的社会凝聚力。

第二,建立有为政府。是指政府成功地转型为服务型政府,兼具完备的职责结构和灵活的履责方式,既能坚决有效地贯彻落实党的决策部署,又能提供高质量的公共服务,对市场进行有力监督,弥补好市场存在的天然缺陷。

第三,发展有效市场。一方面,与一般的市场经济相类似,要求市场在资源配置方面切实发挥决定性作用,确保主体的公平竞争、要素的自由流动以及信息的有效传递;另一方面,则要求市场要服从党的领导,在政府和社会的有力监督下,朝着增进社会利益的方向进行发展,实现对资本主义自由市场的超越。

(二)对高标准市场体系建设的发展展望

展望未来,高标准市场体系要在要素市场、商品市场的资源创新性配置方面具有历史性突破。

1. 发展和完善多层次、结构化的要素市场

要素市场化配置是建设统一开放、竞争有序的市场体系的内在要求,是坚持和完善社会主义基本经济制度、加快完善社会主义市场经济体制的重要内容。一个促进要素自主有序流动、提高要素配置效率的市场,有助于持续激发全社会创造力和市场活力,推动经济发展质量变革、效率变革、动力变革。为此,需要建立多层次、结构化的要素配置方式。

第一,对于自然资产(如土地、矿产、水等),它们的资源原始分布由自然界决定,所有权和使用权由国家决定。要充分发挥党领导下政府在自然资源集约使用和开发利用中的作用,在法治化轨道下科学统筹、合理开发自然资产,实现经济资源与生态资源的合理配置和有效利用。

第二,对于经营性资产(即用于生产经营并能够带来经济收益的物质资产,如经营性土地要素、资本要素等),要在严格甄别的前提下发挥市场在资源配置中的

决定性作用;对于事业性资产(如科研设施、大中小学校、文化设施、公立医院设施等)和国防军队资源等非经营性资产,要按照属地原则发挥党领导下政府的作用。

第三,对于技术创新和科学管理中生成的新资源或新型生产要素(如知识、技术、数据等),要通过技术创新驱动管理创新,通过分类政策、具体分析,以实现社会化大生产和社会效益最大化为目标,明确政府和市场的权责边界,协同开展新资源或新型生产要素的研发、转化、推广。

第四,对于劳动力要素,要实现政府和市场"双轮驱动"。一方面,建立全国统一的户籍制度和社保服务体系,促进劳动力自由流动,支持农村高素质劳动力在城市"留得住",同时城市高素质劳动力能在县城和乡村"留得住",构建城乡间劳动力"双向高水平流动"新格局;另一方面,持续提升各领域、各层次人力资源服务质量,实现劳动力技能培养与社会专业化分工完全适应。

2. 发展和完善质量优先的商品市场

第一,以规则、规制、标准、管理等制度性安排完善商品质量体系建设。完善强制性产品认证制度,建立科学合理的认证目录动态调整机制。健全产品伤害监测与预防干预体系,完善缺陷产品召回制度、产品质量安全事故强制报告制度,引导企业完善企业产品和服务标准自我声明公开和监督制度。

第二,支持并打造具有影响力的商业品牌。健全集体商标、证明商标注册管理制度,打造一批特色鲜明、竞争力强、市场信誉好的区域品牌,并支持具有影响力的中国品牌积极"走出去"。

第三,支持商品市场创新发展。培育一批商品经营特色突出、产业链供应链服务功能强大、线上线下融合发展的商品市场示范基地,与境外商品市场开展高水平经贸往来。

四、适应高水平社会主义市场经济发展的组织和制度体系

与其他国家的市场经济发展模式显著不同,我国的高水平社会主义市场经济是实现社会主义制度优势和市场经济发展优势共同发挥的"有机体",其中的一个重要内容就是在中国共产党的领导下形成的"中国共产党—政府—市场"间紧密的组织体系,以及与之相关联的"引领性制度—保障性制度—支撑性制度"的制度体系结构。这是我们国家以中国式现代化全面推进民族复兴伟业的"传家宝"。

总体而言,我国高水平社会主义市场经济的运作核心是以人为本,发展目标是

通过有效地解放物质生产力,实现人的全面发展和社会成员的共同富裕。这就要求以发展代价最小的方式实现经济高质量发展,即通过推动社会主义制度与市场经济更有效地结合,让社会对市场经济的运行进行合理调控,把市场经济的发展内嵌入社会发展中。这个目标体现在发展理念上,就是要坚持创新、协调、绿色、开放、共享的新发展理念;体现在发展模式上,就是要从粗放式增长转变为集约式发展,实现高质量发展;体现在经济制度上,就是要从处理好政党、政府和市场间关系入手,通过构建高水平社会主义市场经济体制,促进同社会发展相适应的经济秩序的形成。

(一)中国共产党—政府—市场的组织保障体系

在党的全面领导下,政府和市场的价值取向、运作模式都将发生根本性的变化。党通过在企业内部建立基层组织,参与企业内部的重大决策过程,以实现对企业和市场的领导。在企业党组织的引导和规范下,企业会更多地考虑生产经营带来的社会后果,积极响应政府的政策与号召,从而更好利用市场资源释放自身的企业家精神,进而减少生产的盲目性,使市场的供给结构更加多元合理。在党的领导下,市场的运行将产生一种自觉秩序,促使经济沿着兼顾效率与公平的高质量发展方向前进,有效缓解市场经济固有的生产过剩问题。相应地,党领导下的政府将会是一个权责分明的服务型政府,它的一切政治活动都是为了支持市场经济的更好发展,致力于增进社会福利,而非一厢情愿地实现自己那些不合实际的目标构想。这种服务型政府就不再是片面追求政策执行速度的最大化,而是在维持基本公共秩序前提下,促进不同社会主体各展所长、各尽所能的政治安全局面。

自觉运行的市场、为社会发展而尽心服务的政府,它们之间的价值取向和利益诉求不再存在根本性的对立,并且因为党组织的渗透,两者在组织结构和行为模式上的矛盾也将得到显著缓解。只有在党的领导下,政府同市场才能建立起良好的互动关系,缓解彼此间的矛盾冲突。也唯有通过建立"政党—政府—市场"这一组织体系和关系结构,才能使经济和政治之间切实做到相互渗透、相辅相成,真正推动经济社会实现高质量发展。

进一步地,从中国共产党—政府—市场的关系结构来看,党在我国市场经济中发挥引领性作用,它决定着市场经济的发展方向,约束着政府的行为,确保市场创造的经济效益始终为人民所有、为社会共享;市场在我国市场经济中发挥基础性作用,它实现了资源的高效配置,不断激励市场主体突破创新,为社会经济的发展提供最基本的动力来源;政府则在我国市场经济中发挥保障性作用,它一方面要接受党的领导、贯彻党的意志,将党的决策部署通过具体的政策和制度设计加以落实,另一方面还要服务于市场的高效运转,给市场发展提供必要的公共物品,为市场活动设立制度规范,对市场主体加以监督,并从宏观上对市场经济的运行进行调节。

(二)引领性制度:中国共产党的战略引领

引领性制度的作用主要是保障和规范党的领导行为,令党能更好地发挥把握方向、谋划全局、动员各方的领导作用。引领性制度通常表现为党内法规中党的领导法规。党内法规是党的中央组织、中央纪律检查委员会以及党中央工作机关和省、自治区、直辖市党委制定的体现党的统一意志、规范党的领导和党的建设活动、依靠党的纪律保证实施的专门规章制度。党的领导法规是指规范中国共产党对各方面工作进行领导的活动,调整中国共产党与人大、政府、政协、监察机关、审判机关、检察机关、武装力量、人民团体、企事业单位、基层群众自治组织、社会组织等领导与被领导关系的党内法规。其中,党对于政府、人民团体、企事业单位、基层群众自治组织和社会组织的领导法规构成了中国特色社会主义市场经济的引领性制度。引领性制度旨在通过巩固党的领导地位、强化党的领导职责、规范党的领导活动等,解决党领导谁、领导什么、怎么领导的问题,为党发挥总揽全局、协调各方的核心领导作用,引领高水平社会主义市场经济体制的正确发展方向提供制度保障。

(三)保障性制度:实现生产力与生产关系协同发展

高水平社会主义市场经济中的保障性制度是为市场的正常运行提供外部保障的制度总和,目的在于实现生产力与生产关系的协同发展。市场的良好运作需要外部环境的有力保障,因为市场本身只是经济社会这个大系统中的一个子系统,市场运行经常会因受到来自社会层面的外生冲击而发生紊乱。

具体而言,保障性制度主要分为两部分:一是旨在建设合理的市场风险防范机制,通过增强市场的自我调节能力更好发展生产力;二是旨在规范政府对市场的调节行为,实现对生产关系的科学合理调整。

从生产力发展的制度来看,企业正常的生产经营活动必须保障稳定的市场环境。市场行情波动带来的生产相对或绝对过剩,既为各类经济金融危机的产生埋下隐患,也会因此影响企业开展生产经营活动的积极性。因此,建设有效的风险防范机制是保障市场正常运行的必要之举。由于产生风险的因素是多样的,且越来越多的因素由非经济因素扰动而产生,故普遍而有效的风险防范机制的建立需要社会力量的参与。让社会各主体广泛地参与到风险因素的发现、风险防范机制的建立和协同预防过程中,不仅能提高发现风险、防范风险的敏感度和行动效率,还有助于社会良好预期的形成,反哺市场运行效率的提升。这是形成高水平社会主义市场经济内在韧性的重要一环。

从协同生产关系的保障性制度来看,积极有为的服务型政府至关重要。有为的服务型政府的建设主要包括两方面:一是明确政府的职责结构;二是促进政府职能的积极转变。因此,保障性制度的基本内容也主要有两方面:一方面,保障性制度要界定好政府的职责范围,切实保障政府在进行市场监督、提供公共服务、开展生态保护、实施宏观调控和维护经济社会安全等方面,不缺位、不越位地履行职责;另一方面,保障性制度要能够明确履责主体、优化履责工具、规范履责程序,实现政府职责的分层次合理配置,并根据不同职责的性质匹配相应的履责工具,借助技术进步不断提升履责工具的有效性,最大限度地提升政府的办事效能。

(四)支撑性制度:支持社会主义制度优势与市场经济发展优势有机结合

高水平社会主义市场经济的支撑性制度,旨在支持社会主义制度优势与市场经济发展优势有机结合,从而更好地解放和发展生产力、激发社会活力。这一制度由三大部分组成,主要有奠定运行基础的产权制度、规范市场行为的市场规则、促进市场自主合理调节的信息传导机制。

首先,产权制度是企业制度的核心,也是市场经济运行的基础。对于我国社会主义市场经济的所有制结构而言,只有充分明确商品归属,商品交换才能顺利进行,商品的内在价值和社会效益才能得到合理释放;否则,在产权不明晰的情况下,商品交换的风险将会增加,不利于规范财富创造和积累秩序。因此,发展完善产权制度,一方面要坚持平等物权,鼓励、支持、引导非公有制经济发展,保障它们的合法权益;另一方面要深化国有企业改革,不断发展完善产权清晰、权责明确、政企分开、管理科学的现代企业制度。

其次,市场规则作为法律契约形式确定下来的市场参与者必须共同遵守的行为准则和规范,是支持高水平社会主义市场经济规范运转的主要制度工具。围绕市场进出规则、市场行为规则以及市场交易规则的完善三个方面,市场规则有助于引导试图通过破坏市场秩序获得暴利的市场主体走上正确发展道路,共同促进经济社会整体发展水平的提升。同时,完备的市场规则能有效规范市场主体的竞争行为,完善市场"优胜劣汰"的功能,从而形成良好的公平竞争市场环境。

最后,促进市场自主合理调节的信息传导机制对于支持高水平社会主义市场经济的日常运行十分重要。市场信息能够引导企业自动地调整自己的生产策略以响应社会需求,并引导企业主动发现机会、创造机会,研发新技术、开发新产品,从而推动经济的高质量发展。因此,确保市场信息能畅通、有效、不受操控地传递,是保障市场自我调节顺利运行的必要之举。实现信息充分、高效、无损传导的核心在于确保市场价格信号形成机制的公正透明。因此,要丰富拓展市场交易渠道,让价格信号真实、及时地反映市场的供求状况,引导市场主体良性参与市场活动,从而在拓宽不同市场主体间的信息渠道的过程中降低交易成本、提高交易质量,激发高水平社会主义市场经济的运行活力。

第四章

构建高水平社会主义市场经济体制的关键问题与挑战

党的二十届三中全会提出构建高水平社会主义市场经济体制的任务，强调"必须更好发挥市场机制作用，创造更加公平、更有活力的市场环境，实现资源配置效率最优化和效益最大化，既'放得活'又'管得住'，更好维护市场秩序、弥补市场失灵，畅通国民经济循环，激发全社会内生动力和创新活力"。2024年6月27日召开的政治局会议强调，"到二○三五年，全面建成高水平社会主义市场经济体制，中国特色社会主义制度更加完善，基本实现国家治理体系和治理能力现代化，基本实现社会主义现代化，为到本世纪中叶全面建成社会主义现代化强国奠定坚实基础"，并且指出，"坚持系统观念，处理好经济和社会、政府和市场、效率和公平、活力和秩序、发展和安全等重大关系，增强改革系统性、整体性、协同性"。这些重大关系反映了我国构建高水平社会主义市场经济体制的关键问题与挑战，包括所有制结构的完善、政府与市场关系、财富创造与分配的平衡、更高水平对外开放等几个方面，必须深入认识和把握，从而推动构建高水平社会主义市场经济体制。

第一节 多种所有制经济共同发展面临的问题和挑战

党的十九届四中全会将公有制为主体、多种所有制经济共同发展，按劳分配为主体、多种分配方式并存，社会主义市场经济体制等作为社会主义基本经济制度。其中，所有制居于核心地位，这是社会主义基本分配制度和社会主义市场经济形成的重要基础,是中国特色社会主义的重要支柱和社会主义市场经济的根基。多种所有制经济共同构筑了我国经济发展的竞争优势,在构建高水平社会主义市场经济体制中,要充分发挥国有经济在关键领域和重要行业的主导作用、发挥国有企业在宏观经济运行中的调控作用,激发民营经济创新活力和市场竞争力,正确处理好民营经济和国有经济的关系,推动民营经济与国有经济合理分工、取长补短、相互合作、相互补充。此外,外资是我国开放型经济的重要组成部分,也是社会主义市场经济的重要组成部分,我国成功利用外资推动了中国特色社会主义工业现代化,助力完善社会主义市场经济体制,要加大对外资的引进力度,为外资提供高质量的发展环境,充分发挥外资在完善高水平社会主义市场经济体制中的独特作用。

一、国有经济需做强做优做大

习近平总书记强调:"国有企业是壮大国家综合实力、保障人民共同利益的重要力量,必须理直气壮做强做优做大,不断增强活力、影响力、抗风险能力,实现国有资产保值增值。"[①]2023年,国有企业营业总收入和利润总额分别同比增长3.6%和7.4%,有力推动了国民经济的持续恢复和高质量发展。提高国有企业核心竞争力是"做强做优做大"国有企业目标的内在要求,要重点关注国有经济布局优化和结构调整、创新力、国有企业家精神、现代企业制度等方面,切实提高国有企业核心竞争力,推动国有企业高质量发展,更好发挥国有企业的国民经济支柱作用。

(一)国有经济布局优化和结构调整

国有经济在中国的经济发展中扮演着重要角色,但随着市场经济的发展和国内外环境的变化,国有经济布局也面临着一些结构性问题,包括:(1)产业分布不均衡。国有企业在一些传统产业中占比过高,而在高新技术产业和现代服务业中占比相对较低。这种分布不均衡可能导致资源配置效率不高,影响经济的创新能力和竞争力。(2)企业规模和效率问题。部分国有企业规模庞大,但效率不高,存在管理层级多、决策链条长、反应迟缓等问题,这影响了企业的市场竞争力和盈利能力。(3)债务负担较重。部分国有企业债务水平较高、财务风险较大,这不仅影响了企业自身的健康发展,也可能对整个经济体系的稳定性构成威胁。

---

① 习近平.论坚持全面深化改革[M].北京:中央文献出版社,2018:270.

经过2020—2022年的国企改革三年行动,我国以市场化方式推进4组7家中央企业完成战略性重组,新组建和接收8家中央企业,协调推动30余个中央企业专业化整合重点项目,中央企业涉及国家安全和国计民生领域营业收入占总体比重超过70%。[①] 特别是新组建和接收中国星网、中国稀土集团等8家中央企业,推动国有资本进一步向重要行业领域集中,向优势企业和企业主业集中。[②]

(二)国有企业技术、品牌和人才竞争力

部分国有企业可能存在创新动力不足的问题,依赖于传统的经营模式和政策保护,缺乏足够的市场压力去推动技术创新。此外,还存在研发投入不足、技术转化效率低、技术更新迭代慢等问题。一些国有企业对品牌建设重视不够,缺乏长期的品牌战略规划和品牌意识,在品牌推广和市场营销方面可能不如民营企业活跃,导致品牌影响力有限。一些国有企业也可能存在人才结构不合理、缺乏高层次的创新人才和复合型人才、激励机制不完善等问题,甚至在人才评价和使用上可能存在一定的官僚主义和形式主义等。

(三)国有企业家精神

国有企业既是国家重大发展战略的重要承担者,又承担了社会责任,同时还需要遵循市场经济规律,因此,对国有企业家精神具有多维度的要求。国有企业管理者必须具备敢为天下先的创新精神、兴企有为的管理能力、执着进取的敬业精神,以及社会主义的公仆精神、奉献精神和牺牲精神。这样一支在党的坚强领导下政治过硬、业务过精、敢于创新、勇于担当的国有企业家队伍,是提高国有企业核心竞争力的推动力量和重要保证。

(四)现代企业制度

2024年6月11日,习近平总书记在主持中央全面深化改革委员会第五次会议时强调,完善中国特色现代企业制度,必须着眼于发挥中国特色社会主义制度优势,加强党的领导,完善公司治理,推动企业建立健全产权清晰、权责明确、政企分开、管理科学的现代企业制度,培育更多世界一流企业。

具体到对国有企业的要求时,会议要求加强党对国有企业的全面领导,完善党领导国有企业的制度机制,推动国有企业严格落实责任,完善国有企业现代公司治理,加强对国有资本的监督管理。

---

① 国务院国资委党委.国企改革三年行动的经验总结与未来展望[J].人民论坛,2023(05):6—9.
② 人民网.国务院国资委:国有经济布局优化和结构调整取得明显成效[EB/OL].http://finance.people.com.cn/n1/2023/0224/c1004-32630592.html.

从中可以总结出国有企业完善现代企业制度的几个方面要求：一是要加强党对国有企业的全面领导；二是要推动国有企业产权明晰和政企分开；三是要加强对国有资本的监督管理。

加强党对国有企业的全面领导，是指在国有企业的改革、发展和管理过程中，确保党的领导作用得到充分发挥和体现。这包括以下几个方面：(1)政治领导。国有企业是中国特色社会主义的重要物质基础和政治基础，坚持党的领导是国有企业的"根"和"魂"，这要求国有企业在政治立场、政治方向、政治原则、政治道路上与党中央保持高度一致。(2)思想领导。通过加强党的建设，确保国有企业的干部职工在思想上与党中央保持一致，坚持正确的价值观和发展方向。(3)组织领导。国有企业党组织要发挥领导核心和政治核心作用，确保党和国家的方针政策、重大部署在企业中得到贯彻执行。(4)公司治理。将党的领导融入公司治理的各个环节，明确党组织在公司法人治理结构中的法定地位，实现党组织与公司治理结构的有机结合。(5)人才选拔。坚持党组织对国有企业选人用人的领导和把关作用，培养一支高素质的企业领导人员队伍。(6)监督机制。加强对国有企业领导人员的监督管理，确保他们忠诚、干净、担当，同时完善决策监督机制，形成监督合力。

推动国有企业产权明晰和政企分开是深化国有企业改革的关键措施。要以增强企业活力、提高效率为中心，深入推进国有企业市场化经营机制改革，强化国有企业独立市场主体地位。要不断优化公司治理结构，推动国有企业建立规范的公司治理结构。过去我国的现代企业制度主要是借鉴西方，我们学习了西方公司制、股份制以及公司法人治理结构的优势，同时将党组织的政法核心作用吸收进来，这样"老三会"，即党委会、工会和职工代表大会主要督促企业完成全民交付的经济、社会、政治责任，而"新三会"，即股东大会、董事会、监事会就要完成这三大责任所要求的具体内容。新老"三会"并行不悖，而且各自凸显自己应该做的职责。但从现实来看，无论是国有企业还是民营企业，这种企业制度架构都不足以实现对国企负责人和企业实际控制人的监督作用，现在我国更强调发挥纪检监察和审计监督的作用，加大对国有企业的纪律约束和违规行为的查处力度。国有企业的纪检监察机构，作为党在经济领域的党内监督专责机关，肩负着协助同级党委推进全面从严治党、加强党风建设和组织协调反腐败工作的重任，有利于推动国有企业形成高效运行、风清气正的干事创业环境。

加强对国有资本监督管理主要有两方面的内容：(1)完善制度和法治约束，减少国有资本管理和运营的真空地带和灰色地带；(2)严格落实国有企业管理者的责任。结合近期国家出台的相关政策,可以看出对这两方面的针对性部署。2024年4月6日,国务院常务会议审议通过《国有企业管理人员处分条例(草案)》,要求强化对国有企业管理人员的监督管理,要严格执法问责,强化日常监督,紧盯重点领域重点人员,坚持标本兼治,深入推进国有企业改革深化提升行动,进一步健全体制机制、堵塞制度漏洞。2024年6月3日,国资委党委在召开扩大会议时强调,从严控制增量,各中央企业原则上不得新设、收购、新参股各类金融机构,对服务主业实业效果较小、风险外溢性较大的金融机构原则上不予参股和增持。这既有利于国有企业专注主业,也有利于化解中小金融机构风险,守住不发生系统性金融风险的底线。

二、民营经济需继续发展壮大

民营经济是推进中国式现代化的生力军,是高质量发展的重要基础,是推动我国全面建成社会主义现代化强国、实现第二个百年奋斗目标的重要力量。民营经济为增加税收和就业、促进创新、提升市场经济活力贡献巨大,习近平总书记在2018年11月1日民营企业座谈会上明确指出,民营经济具有"五六七八九"的特征,即贡献了50%以上的税收、60%以上的国内生产总值、70%以上的技术创新成果、80%以上的城镇劳动就业、90%以上的企业数量。改革开放以来,我国一直鼓励、支持、引导民营经济发展壮大。2023年7月19日发布的《中共中央 国务院关于促进民营经济发展壮大的意见》指出,"促进民营经济做大做优做强",并围绕持续优化民营经济发展环境等6个方面提出了针对性意见,随后,国家发改委等部门发布28条促进民营经济发展举措。2023年9月4日,我国在发改委内部设立民营经济发展局。这些重大方案和决策部署为民营经济发展提供了制度保障和政策支持,有利于推动民营经济高质量发展。

当前民营经济发展存在以下一些重要问题:

(一)不确定性

国际环境面临高度不确定性,行业市场有不确定性,技术发展有不确定性,乃至政策也可能随之变化,这些都是民营企业发展面临的重大不确定性。2023年,《中国经济时报》赴全国11个省(直辖市)"一对一"访谈了112名民营企业家,发现政策不确定性加大是他们反映的主要议题之一。有不少人认为,政策不确定性加大导致他们在投资决策上有变得更加保守、更加谨慎的倾向。[①] 自2024年以来,税收倒查30年的议论更加剧了民营企业的不安全感。针对一些错误倾向和错误的社会舆论解读,要及时予以纠正和回应,以增强政策的预期性和企业界的安全感。

2024年6月的中央政治局会议指出,"坚持全面依法治国,在法治轨道上深化改革、推进中国式现代化,做到改革和法治相统一,重大改革于法有据,及时把改革成果上升为法律制度",即要在法治轨道上深化改革,以法治护航民营经济高质量发展。

(二)创新活力不足

当前我国民营企业创新活力还存在一定的不足之处,直接表现就是独角兽企业数量的下降。根据胡润研究院发布的《2024全球独角兽榜》,2023年,我国以340家独角兽企业位居第二,不到美国703家的一半;与上一年相比,全球新诞生了500多家独角兽企业,我国仅增加15家,不到美国179家的1/10。而根据《2019胡润全球独角兽榜》,中国独角兽企业数量历史上首次超过美国,数量比是206∶203。2024年5月23日,习近平总书记主持召开企业和专家座谈会,在听到关于创新与投资的发言时追问:"我们的独角兽企业新增数下降的主因是什么?"这一问题被称为"独角兽之问",必须采取有效的政策手段促进民营企业提升活力,促进专精特新企业、"小巨人"企业的成长和发展,让更多中小企业能够脱颖而出,成长为"隐形冠军""独角兽"企业。

2024年6月,国务院办公厅印发《促进创业投资高质量发展的若干政策措施》(以下简称《政策措施》),围绕创业投资"募、投、管、退"全链条全生命周期各环节,提出多方面政策举措。《政策措施》是继2016年国务院出台《关于促进创业投资持续健康发展的若干意见》以来,国家层面出台的又一部促进创业投资高质量发展的系统性政策文件。2024年6月,中国人民银行、科技部、国家发展改革委、工业和信息化部、金融监管总局、中国证监会、国家外汇局七部门联合印发《关于扎实做好科技金融大文章的工作方案》,精准支持国家重大科技任务、科技型企业培育发展、战略性新兴产业发展和未来产业布局、传统产业技术改造和基础再造、国家和区域科技创新高地建设等重点领域。2024年6月19日,财政部、工业和信息化部发布《关于进一步支持专精特新中小企业高质量发展的通知》,2024年将支持1 000家左右

---

① 中国经济新闻网.以增强政策确定性提振民营企业信心[EB/OL]. https://www.cet.com.cn/ycpd/tpxw/3444516.shtml.

重点"小巨人"企业进行奖补等。根据通知,财政部、工业和信息化部将在2024—2026年分三批重点支持国家级"小巨人"企业高质量发展。其中,2024年先支持1 000家左右重点"小巨人"企业,以后年度根据实施情况进一步扩大支持范围。这些政策举措从财政、金融等领域对于支持民营企业创新发展具有重要作用。

（三）缺乏企业家精神

一些民营企业争先恐后上市,目的不是把公司做大做强,不是给投资者回报,而是减持、套现。在我国资本市场发展完善的过程中,一些民营企业实际控制人和高管钻制度的空子,给我国资本市场带来了不小的负面影响。一些民营企业有了一定规模,尤其是上市融资之后,便开始盲目进行多元化经营,缺乏专注主业的精神,导致企业缺少清晰的战略和稳定的发展路径,导致企业寿命往往不长。有抽样调查显示,中国民营企业平均寿命仅3.7年,中小企业平均寿命更是只有2.5年。而在美国与日本,中小企业的平均寿命分别为8.2年、12.5年。[①]

（四）错误的舆论导向

在我国发展社会主义市场经济、支持民营企业发展的过程中,始终存在一些错误的思潮,如"国进民退""国退民进"这些把国有企业和民营企业对立起来的观点,以及民营企业"卖国论""离场论"这些污名化民营企业的言论。必须反对错误的舆论思潮,如把共同富裕曲解成"劫富济贫",剥夺民营企业家合法利得,把新一轮混合所有制改革曲解成"新公私合营论",把民营企业党建工作曲解成要控制民营企业等。2024年4月30日中央政治局会议提出"壮大耐心资本",耐心资本是长期资本和战略资本,是发展新质生产力的重要推动力量,着眼于新兴产业和未来产业。耐心资本的提出,有利于减少国有企业和民营企业的意识形态对立,只要是有利于发展新质生产力的资本,不管是国有资本还是民营资本,都可以成为我国经济高质量发展的重要力量。

三、更大力度吸引和利用外资

外资是我国社会主义市场经济的重要组成部分,在构建新发展格局中发挥着重要作用,利用外资不仅给我国带来了资金和就业机会,更为我国学习国外先进技

---

① 中国工业报.政策暖风频吹,民营经济期待"繁花"绽放[EB/OL]. https://baijiahao.baidu.com/s?id=1791700483554321238&wfr=spider&for=pc.

术和管理经验提供了机会。近几年的总体数据显示,虽然外企在GDP中占比不足10%,外资企业占比不到全国企业总数的3%,但是外资贡献了22.5%的工业产值、28.3%的工业利润、16%的税收、38.7%的外贸、20.7%的研发投入、近10%的城镇就业。尤其近年来,外资企业设立研发中心的数量持续增长,在华开展研发创新活动的溢出效应不断扩大,有助于我国新质生产力的发展。① 多数外资企业处于全球价值链的上游,对于我国产业链和供应链的发展具有重要的引领作用,稳住外资、吸引外资是我国打破霸权主义国家"脱钩断链"企图的重要途径。

自2023年以来,外媒极力炒作"中国吸引外资下降"等话题,大肆渲染外资撤离的悲观情绪,并以此唱衰中国经济,我们需要客观看待外资规模波动。从全球整体环境看,近几年,在全球经济增长放缓的背景下,叠加逆全球化和地缘政治紧张局势,全球跨国投资陷入低迷,各国都在采取更加积极主动的方式寻求吸引外资。2024年6月20日,联合国贸易和发展组织发布的最新《世界投资报告》显示,2023年全球外国直接投资下降2%,至1.3万亿美元。报告显示,2023年流向发展中国家的外国直接投资下降7%,至8 670亿美元。亚洲发展中经济体的总体降幅为8%。② 同时据UNCTAD统计,2022年各国出台的投资激励政策多达102项,同比增加50%以上。③

从我国经济发展的现状来看,一方面,随着中国经济的不断发展,土地、劳动力等要素成本上升,低成本优势弱化,一些劳动密集型产业因比较优势变化发生梯度转移;另一方面,随着我国经济结构的优化升级,本土企业开始在越来越多领域与外资展开激烈的市场竞争,部分外资由于经营不善、利润下滑从而退出中国市场。对于高新技术产业来说,中国市场仍然非常具有吸收力,外资能够从中国获得丰厚的投资回报。国家统计局数据显示,2024年1—4月外资规模以上工业企业利润总额增长16.7%,高于全国平均水平(4.3%),经营状况持续改善。

在各种因素的影响下,我国近期也面临着外资净流入放缓的压力。商务部数据显示,2024年1—5月实际使用外资金额4 125.1亿元人民币,同比下降了28.2%。但与此同时,我国利用外资结构持续优化,1—5月,我国制造业实际使用

---

① 余宗良.从三个"没有变"理解《扎实推进高水平对外开放更大力度吸引和利用外资行动方案》[EB/OL]. https://www.cdi.org.cn/Article/Detail?Id=19498.
② 界面新闻.联合国贸发组织:2023年全球外国直接投资下降2%[EB/OL]. https://www.jiemian.com/article/11311875.html.
③ 中国政府网.稳住外贸外资基本盘 扩大制度型开放——"中国经济圆桌会"聚焦高水平对外开放新机遇[EB/OL]. https://www.gov.cn/zhengce/202401/content_6924817.htm.

外资 1 171 亿元,其中高技术制造业引资 504.1 亿元,占全国引资比重较上年同期分别提升了 2.8 个和 2.7 个百分点。[①]

我国目前在利用外资上的最大挑战在于外部环境,我国的产业结构优化升级对于高新技术产业投资需求巨大,但与此同时,一些国家推动产业和资金回流,出台涉华投资限制措施。2023 年 8 月 9 日,美国总统拜登签署行政令,限制美国在所谓敏感高科技领域的部分对华投资,包括半导体和微电子、量子信息技术以及特定人工智能系统。2024 年 6 月 21 日,美国公布规则建议,限制美国人或美国企业在半导体、量子信息技术及人工智能等敏感技术领域向中国投资。本次规则是在 2023 年 8 月拜登总统行政令的基础上的规则细化,主要限制美国人通过股权投资中国。

自 2023 年以来,我国采取了更多务实举措吸引和利用外资,国务院相继发布《关于进一步优化外商投资环境 加大吸引外商投资力度的意见》《扎实推进高水平对外开放更大力度吸引和利用外资行动方案》等文件,持续加大力度吸引和利用外资。2024 年 6 月 26 日,国务院常务会议强调要加大力度吸引和利用外资,多措并举稳外资,2024 年 7 月 1 日,国务院副总理何立峰主持召开外资工作座谈会,高层会议一周两提稳外资,显示出我国稳外资政策不断加力。

第二节 政府与市场关系的问题和挑战

如何认识和处理政府与市场关系,是市场经济的核心问题,我国从计划经济体制到社会主义市场经济体制的转变过程,始终围绕着正确处理政府与市场关系这个核心问题而展开。在这一问题上,国内外一直存在不同的认识。在国内,受西方自由主义经济思想影响较深的人认为,社会主义市场经济应坚持以市场为主导,主张市场化甚至私有化;受传统计划经济思想影响较深的人则认为,应该坚持政府和国有企业主导,借市场经济出现的一些问题反对市场经济。在国外,直到今天有人还坚持认为,"中国的社会主义市场经济不是市场经济",不承认我国市场经济地位。对政府与市场关系问题的回答,是马克思主义政治经济学与西方经济学的重

---

① 商务部. 2024 年 1—5 月全国吸收外资 4 125.1 亿元人民币[EB/OL]. http://www.mofcom.gov.cn/article/xwfb/xwrcxw/202406/20240603517964.shtml.

要区别,党的十八大以来,习近平总书记对政府与市场关系提出了一系列新论述,做出了重要原创性贡献,引领我国社会主义市场经济体制不断完善和发展。

放眼全球,在发展市场经济过程中如何让市场"看不见的手"和政府"看得见的手"协同发力,堪称经济学上的世界性难题。2008年金融危机的余波持续未消,新冠疫情、种族矛盾、战争阴影更在社会层面带来深远影响,由经济治理引发的全球危机已成为世界亟须解决的难题。改革开放以来,中国特色社会主义取得了举世瞩目的增长奇迹,关键就是我们既发挥了市场经济的长处,又发挥了社会主义制度的优越性,带来长期的稳定发展。

进入中国特色社会主义新时代以后,我国社会主要矛盾转化为人民日益增长的美好生活需要和不平衡不充分的发展之间的矛盾。进入新发展阶段,面对百年未有之大变局,外部环境复杂性、严峻性、不确定性上升,如何贯彻新发展理念、构建新发展格局,从而推动我国经济高质量发展,需要坚持和完善中国特色社会主义基本经济制度,尤其是完善社会主义市场经济体制。那么,如何进一步发挥好市场的资源配置功能和政府的宏观调控功能,成为我们必须回答的时代之问。

2013年召开的党的十八届三中全会旗帜鲜明地指出了方向:使市场在资源配置中起决定性作用和更好发挥政府作用。习近平总书记指出,坚持社会主义市场经济改革方向,核心问题是处理好政府和市场的关系,使市场在资源配置中起决定性作用和更好发挥政府作用。这是我们党在理论和实践上的又一重大推进。2019年,党的十九届四中全会将社会主义市场经济体制纳入社会主义基本经济制度,并进一步提出,"充分发挥市场在资源配置中的决定性作用,更好发挥政府作用",体现了以习近平同志为核心的党中央对政府与市场关系认识的不断深化。

当前处理好政府与市场的关系主要包括以下几个方面的关键问题:

一、全国统一大市场还不完备

以"立足内需,畅通循环;立破并举,完善制度;有效市场,有为政府;系统协同,稳妥推进"为原则的全国统一大市场的提出,是进一步深化供给侧结构性改革和推动经济高质量发展的必要性所在和关键举措,对于优化资源配置、激发市场活力、增强经济发展内生动力具有重要意义。2022年4月10日,《中共中央 国务院关于加快建设全国统一大市场的意见》的发布意味着我国国内的市场构建已经从实践层面提升到一个新的高度,也意味着我国正在面临构建高水平社会主义市场经济体制的关键时期。建设全国统一大市场目前已经成为我国经济工作的重要任务,党的二十大报告指出,"构建全国统一大市场,深化要素市场化改革,建设高标准市场体系",进一步明确把全国统一大市场作为加快完善社会主义市场经济体制的核心内容。在全球化和信息化的今天,在个别西方国家掀起"逆全球化"思潮和"去风险""脱钩断链"打压政策的背景下,建设全国统一大市场是我国应对百年未有之大变局的积极举措,通过内部确定性和高水平的经济循环来抵御外部的不确定性。[①] 从国内来看,建设一个统一开放、竞争有序的全国大市场,不仅是实现资源高效配置的必然要求,也是构建新发展格局、推动经济转型升级的迫切需要。全国统一大市场的建设,旨在打破地域分割和行业壁垒,促进商品和要素自由流动,实现市场准入的公平和交易的公正。2024年5月国务院通过《公平竞争审查条例》(以下简称《条例》),于8月1日起正式施行。《条例》的出台,不仅标志着我国公平竞争审查制度进一步完善,而且对于深化经济体制改革、推动高质量发展、促进全国统一大市场建设也具有重要意义。

近年来,我国在全国统一大市场建设方面取得了显著成就,但仍存在一些问题和挑战,主要包括:

(1)地方保护主义。一些地方政府为了保护地方局部经济利益或政治利益,可能利用行政权力干涉市场、操纵市场,设置市场准入障碍,限制外地产品和服务进入本地市场参与公平竞争。

(2)市场壁垒。尽管我国市场规模庞大,但市场壁垒和区域分割现象仍然存在,阻碍了商品和要素的自由流动。市场分割往往与地方保护相关联,而且当前市场分割的现象更多以隐形方式存在。《关于加快建设全国统一大市场的意见》开头就特别强调,"打破地方保护和市场分割"。因此,"打破地方保护和市场分割,打通制约经济循环的关键堵点"是构建全国统一大市场的首要改革方向。

(3)市场监管标准不统一。不同地区在市场监管规则、标准和程序上存在差异,影响了市场监管的一致性和效率。因此,需要有跨行政区域之间的立法、执法协作。

(4)产权交易壁垒。在产权交易方面,不同地区可能存在不同的政策和做法,限制了产权的有效流通和交易。

(5)要素市场发展不均衡。劳动力、资本、技术、数据等要素市场发展存在不均

---

① 李长安.建设全国统一大市场:背景、深意与挑战[J].人民论坛,2022(18):67—69.

衡,影响了要素资源的有效配置。

(6) 社会信用体系不完善。社会信用体系的建设与完善对于全国统一大市场至关重要,但目前仍存在一些需要改进的地方。

(7) 技术交易与信息共享不足。技术交易市场和信息共享机制尚不完善,影响了技术要素的流动和创新资源的配置。

二、营商环境有待进一步优化

要充分发挥市场在资源配置中的决定性作用,需要政府提供良好的制度保障。营商环境是经济发展的重要制度基础,当前我国正处在转变发展方式、优化经济结构、转换增长动力的关键时期,营商环境的优化成为推动经济转型升级的重要力量。优化营商环境不仅是提升国家竞争力的战略举措,也是实现治理体系和治理能力现代化的内在要求。

党的十八大以来,我国稳步推进高标准市场体系建设,深化要素市场化改革,高效规范、公平竞争、充分开放的全国统一大市场加快形成。市场准入负面清单制度、公平竞争审查制度深入实施,营商环境市场化、法治化、国际化水平显著提升。世界银行发布的《全球营商环境报告2020》显示,中国(内地)营商环境在全球的排名已由2013年的96位提升到2020年的31位。截至2023年底,我国登记在册经营主体达1.84亿户,其中民营企业超过5 300万户,分别比2012年增长了2.3倍和3.9倍。

我国营商环境总体上在不断优化,但仍存在一些问题和挑战,包括行政效率有待提高、公平竞争环境需进一步优化、中小企业融资难融资贵等问题。在当前我国地方政府债务压力大、财力紧张的背景下,地方政府收费和罚款给营商环境造成的破坏尤其值得重视。财政部公布的数据显示:2024年上半年全国非税收入同比增长11.7%,达到2.18万亿元,其中相当一部分是罚款收入。其中固然有严格执法的问题,但从社会反响来看,地方政府通过罚款方式拓展财源的问题不容忽视。这种行为会损害政府的公信力和形象,导致企业和投资者对地方政府失去信心,影响政府与市场的良性互动。国家层面也对这一问题给予了充分的重视。2024年2月,国务院出台《关于进一步规范和监督罚款设定与实施的指导意见》,首次对行政法规、规章中罚款设定与实施作出规范。2024年8月,国务院第五次全体会议强调,行政执法要以维护社会主义市场经济秩序为根本目标,对乱检查、乱罚款等问题要及时制止和纠正。

三、"有效市场"和"有为政府"需更好结合

党的十八大以来,以习近平同志为核心的党中央以巨大的政治勇气全面深化改革,习近平总书记指出,"理论创新对实践创新具有重大先导作用,全面深化改革必须以理论创新为先导"。从党的十八届三中全会提出"经济体制改革是全面深化改革的重点,核心问题是处理好政府和市场的关系"的新判断,到党的十九届四中全会将公有制为主体、多种所有制经济共同发展,按劳分配为主体、多种分配方式并存,社会主义市场经济体制并列为社会主义基本经济制度,凸显了社会主义市场经济由经济机制层面改革重点向体制层面改革重点转化,进而向制度层面改革重点完善定型的逻辑进程,凸显了习近平总书记提出的"对政府和市场关系,我们一直在根据实践拓展和认识深化寻找新的科学定位"的深刻内涵。

市场决定资源配置是市场经济的一般规律,市场经济本质上就是市场决定资源配置的经济。使市场在资源配置中起决定性作用,实质就是让价值规律、竞争和供求规律等市场机制在资源配置中起决定性作用,必须紧紧围绕市场在资源配置中起决定性作用全面深化经济体制改革,塑造与市场发挥资源配置决定性作用相适应的微观主体,并加快完善现代市场体系。从党的十八大起,习近平总书记主持召开了70多次中央深改领导小组和中央深改委会议,持续推动经济体制改革,调整优化政府与市场关系。

市场在资源配置中起决定性作用,并不是起全部作用。我国实行的是社会主义市场经济体制,仍然要坚持发挥社会主义制度的优越性、发挥党和政府的积极作用。中国的市场经济是在政府主导下逐步建立的,妥善发挥政府作用是处理好政府和市场关系的关键,市场在资源配置中起决定性作用不是通过简单地削弱政府来强化市场,而是通过改革政府、重树政府的职能和边界、建立法治型政府和服务型政府来扩展市场的边界、打破市场的障碍、激发市场的活力。

更好发挥政府作用有两方面的含义:一是转变政府职能,建设法治型政府和服务型政府,为使市场在资源配置中发挥决定性作用服务;二是健全宏观调控体系,与市场形成良性互补,更好推动经济的长期稳定发展。

党的十八大以来,在习近平经济思想的指导下,我国坚持发挥有效市场和有为政府"两只手"的作用,宏观上政府编制长期规划,中观上健全科技创新举国体制,微观上坚持产业政策与竞争政策相结合,使得我国经济在国内外风险挑战面前始

终保持着韧性与活力。

经过"十二五""十三五""十四五"的布局,在科技创新举国体制和产业政策的推动下,我国在战略性新兴产业一系列新技术上的创新,已经达到了一个新的高度,产生了立竿见影的效果。特别是围绕着新能源、储能技术、新能源汽车等领域所形成的弯道超车效应,已经开始引领整个世界的潮流。当前,我国出口"新三样"(锂电池、光伏和新能源汽车)近年来异军突起,它们的成功充分验证了"科创+产业升级"作为未来经济新增长的核心驱动力以及产业新支柱体系的重要性。

当前,培育和发展新质生产力需提升政府与市场"两只手"的协调性,推动科技与金融更好融合,构建创新生态。中国科技创新和科技金融已经走出一条中国特色的新路,那就是政府主导的科技金融与市场型科技金融已经寻找到相互配合、相互赋能的结合点,形成了金融赋能科技的合力。因此,当下的重点应放在如何提升当前科技创新体系内政府与市场"两只手"的协调配合以及深度融合的有效途径之上。党的二十届三中全会对这一布局进行了明确,要求大力引导各类市场基金投早、投小、投硬,更好发挥政府基金的作用,同时也要求国有企业必须聚焦于原始创新这个战略性任务。这实际上对各类地方的政府科创基金是否有必要与纯民营基金争夺市场份额给出了答案。政府、国有企业以及市场科技金融应该考虑在整个创新链和生态链上进行全面布局并明确互补性定位。

在这种布局之下,国有企业的角色变得尤为清晰。国有企业的三个集中方向之一便是专注于前沿性创新,并建立一套评估原始创新能力的体系。地方政府也需要进行一些转型。在规划和发展资本市场的基础上,还需要注重对耐心资本和创新资本的培育。这里的关键在于把握好"度",即在资源配置中让市场发挥决定性作用的同时,更好地发挥政府的作用。我国在这方面已经探索了一条新路,即在科技创新体系中实现政府与市场"两只手"的有效配合。正如耶伦在2024年6月的演讲中提到的,美国政府在这方面有所欠缺,应该向中国政府学习。

第三节　平衡财富创造与分配的问题和挑战

习近平总书记强调:"实现共同富裕不仅是经济问题,而且是关系党的执政基础的重大政治问题。"[①]在社会主义市场经济条件下,财富创造与分配的平衡是一个

---

① 习近平.习近平谈治国理政(第四卷)[M].北京:外文出版社,2022:171.

复杂而重要的问题。一方面,社会主义市场经济鼓励通过各种合法途径创造财富,推动社会生产力发展,夯实中国特色社会主义的物质基础;另一方面,社会主义的本质是消灭剥削,消除两极分化,最终实现共同富裕,要通过合理的财富分配机制,防止贫富差距过大,维护社会稳定和谐。党的二十届三中全会《决定》指出:"聚焦提高人民生活品质,完善收入分配和就业制度,健全社会保障体系,增强基本公共服务均衡性和可及性,推动人的全面发展、全体人民共同富裕取得更为明显的实质性进展。"

一、公平与效率需平衡

公平主要涉及收入和财富的分配,确保每个人都有公平的机会和基本的生活保障。公平可以分为横向公平(类似情况下的人应得到相同的待遇)和纵向公平(不同情况下的人应得到不同的待遇,体现对弱势群体的照顾)。效率是指通过资源的最优配置和对生产者的激励,使得生产和服务能够以最小的成本实现最大的产出。效率强调经济增长和创新,要求市场机制充分发挥作用,激励个体和企业追求生产力的提升。

相对于效率主要是一个经济问题,公平既是一个经济问题,也是一个社会问题。一个稳定发展的社会必然是能够最大限度保障公平正义的社会,同时,一个公平的社会也有利于调动社会成员生产和创新的积极性,促进社会生产力的发展。经济社会的发展必须处理好公平和效率的问题,尤其是在推动市场经济发展的过程中,针对市场经济必然会带来的收入差距扩大问题,应考虑如何通过合理的收入分配机制调节收入不平等,实现社会公平。在实践中,过去追求效率会导致严重的公平问题,过去追求绝对的公平也会导致效率的巨大损失,因此,需要处理好公平与效率的平衡问题。公平与效率的平衡是一个动态过程,需要根据具体的经济发展阶段和社会状况进行调整。通过合理的政策设计和实施,可以在实现经济效率的同时促进社会公平,推动社会的可持续发展。

改革开放前的三十年里,我国在所有制和分配方式上分别是公有制和按劳分配占据绝对主导地位,整体上呈现出"平均主义"的分配特点,在长期的发展过程中,这种分配方式导致的生产积极性不高的问题日益突出,使得改革开放成为历史的必然选择。改革开放初期,为了解放和发展生产力,让一切创造财富的源泉能够得以充分涌现,我国提出效率优先。1987年党的十三大明确提出,在促进效率提高的前提下体现社会公平。1997年党的十五大则第一次出现"坚持效率优先、兼顾公平"的表述。2002年党的十六大以及2003年党的十六届三中全会《中共中央关于完善社会主义市场经济体制若干问题的决定》在继续使用"效率优先、兼顾公平"的提法的同时,又进一步明确"初次分配注重效率,再分配注重公平"。进入21世纪后,分配不公问题更为突出,甚至严重影响效率的进一步提高。在此背景下,2007年10月召开的党的十七大不再使用"效率优先、兼顾公平"的提法,而是用新的提法,即初次分配和再分配都要处理好效率和公平的关系,再分配更加注重公平。[①]进入新时代后,针对越来越大的收入差距,党的十八大明确提出:必须坚持走共同富裕道路。2018年1月,习近平总书记在十九届中央政治局第三次集体学习时强调:"要建设体现效率、促进公平的收入分配体系,实现收入分配合理、社会公平正义、全体人民共同富裕,推进基本公共服务均等化,逐步缩小收入分配差距。"[②]在以习近平同志为核心的党中央的坚强领导下,我国实现了全面脱贫,居民收入差距逐步缩小,2012—2021年这十年间我国居民收入基尼系数由0.474降低到了0.466。[③]

当前,我国收入差距仍然较大,必须有效扎实继续推进共同富裕。要进一步科学领会共同富裕的核心内涵和基本要义,平衡公平与效率。一是要明确共同富裕不是少数人的富裕,而是全体人民的富裕;二是要强调共同富裕不是同等富裕或整齐划一的同步富裕,而是普遍富裕基础上的差别富裕;三是要明确共同富裕不仅是物质上的充裕,而且是在"五位一体"上的全面跃升,既包括物质富裕,又涵盖人民对美好生活向往的方方面面,是物质与精神相统一的富裕;四是要强调共同富裕不是历史上曾经出现过的"一大二公"和平均主义;五是要强调共同富裕不是劫富济贫的共富,不是改变"两个毫不动摇",通过侵蚀民营资本、通过产权侵犯而实现的共同富裕,而是依然鼓励勤劳创新致富,"允许一部分人先富起来,先富带后富、帮后富,重点鼓励辛勤劳动、合法经营、敢于创业的致富带头人";六是要强调共同富裕不是抛弃效率而只谈公平的共同富裕,共同富裕是以高质量发展为基石的共同富裕,是在做大"蛋糕"的基础上分好"蛋糕",是效率与公平、发展与共享的辩证统一;七是要强调共同富裕不是停留在物质财富结果上的公平,而是更多关注机会和过程上的公平,更多在提高受教育程度、增强发展能力、创造更加普惠公平的条件

---

① 洪银兴.兼顾公平与效率的收入分配制度改革40年[J].经济学动态,2018(04):19—27.
② 习近平.论坚持全面深化改革[M].北京:人民出版社,2018:421.
③ 中国新闻网.中国这十年:经济发展大提高 生态环境大改善[EB/OL].https://www.gov.cn/xinwen/2022-05/13/content_5690087.htm.

等方面,畅通向上流动通道,给更多人创造致富机会,形成人人参与的发展环境;八是要强调共同富裕不是不计成本和无条件的共同富裕,而是要尽力而为、量力而行,把保障和改善民生建立在经济发展和财力可持续的基础之上;九是要强调共同富裕不是一蹴而就的共同富裕,而是要坚持循序渐进,一个阶段接着一个阶段持续推进共同富裕迈上新台阶,一个区域接续一个区域达到共同富裕,应当分阶段采取目标、分区域设定方案;十是要强调共同富裕是共建共治共享的共同富裕,不能靠政府大包大揽,必须依靠全体人民共同奋斗,构建初次分配、再分配、三次分配协调配套的基础性制度安排,使市场、政府、道德与社会体系都成为共同富裕推进的有效体系。

二、三次分配制度需协调

新冠疫情暴发之后,对我国经济运行产生了重大影响,无论是供给还是需求都受到了不利冲击,2021年底的中央经济工作会议提出,我国经济面临三重压力,分别是需求收缩、供给冲击、预期转弱。疫情结束之后,我国需求不足的问题依然存在,且成为制约经济全面复苏的主要因素。2023年中央经济工作会议指出,进一步推动经济回升向好需要克服一些困难和挑战,主要是有效需求不足、部分行业产能过剩、社会预期偏弱、风险隐患仍然较多,国内大循环存在堵点,外部环境的复杂性、严峻性、不确定性上升。2024年4月30日的政治局会议继续将有效需求不足放在了经济持续回升面临的诸多挑战第一位。

从图4—1可以看出,疫情防控期间,我国经历了一个从需求收缩到复苏扩张的阶段;疫情放开之后,CPI开始持续下行并保持低位运行,反映出需求不足成为一个亟待解决的问题。要解决需求不足的问题,宏观经济政策要更加有所作为,同时分配制度上也要有更加合理的优化调整,以增强居民的消费能力和消费意愿。

要建立三次分配相协调的制度安排,通过初次分配、再分配和第三次分配这三个环节来实现更公平、更有效的财富分配和社会资源配置。

初次分配主要通过市场机制来实现,涉及工资、利润、利息和租金等收入的分配。在这一阶段,关键是要提高劳动报酬在初次分配中的比重。通过教育和培训提高劳动者的素质和技能,使他们能够在市场中获得更高的报酬。2024年5月27日,习近平总书记在中共中央政治局第十四次集体学习时强调,"要加快塑造素质优良、总量充裕、结构优化、分布合理的现代化人力资源,解决好人力资源供需不匹配这一结构性就业矛盾",体现了以习近平同志为核心的党中央对就业问题的深刻

资料来源：国家统计局。

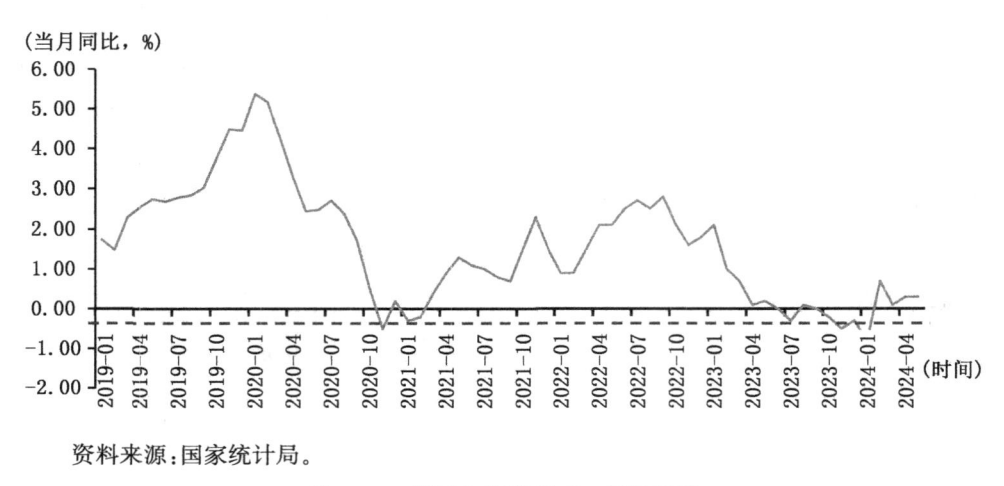

图 4—1　近五年来我国 CPI 同比变动

认识。必须制定和执行公平的劳动法规，保障劳动者的合法权益，包括合理的工作时间、休息日、最低工资标准等。

再分配主要通过政府的税收和社会保障制度来实现，旨在缩小收入差距，实现社会公平。要建立和完善累进税制，对高收入群体征收更高的税率，同时减少低收入群体的税负，增强税收的再分配功能。要建立健全覆盖全民的社会保障体系，包括养老保险、医疗保险、失业保险等，保障居民的基本生活需求，减少贫困和不平等。

第三次分配主要通过慈善、捐赠、志愿服务等社会力量来实现，旨在通过社会资源的自愿转移来弥补市场和政府调节的不足，促进社会和谐。通过税收减免、法律保护等措施，鼓励企业和个人进行慈善捐赠，支持公益事业发展。要加强对非营利组织、慈善机构的支持和管理，促进其健康发展，发挥其在第三次分配中的重要作用。通过宣传和教育，提升公众的社会责任意识，鼓励更多人参与到公益事业和志愿服务中来。

为了实现三次分配的协调，必须建立健全相关的政策体系和制度安排，确保各个环节相互配合、共同作用。政府应统筹考虑初次分配、再分配和第三次分配的政策措施，确保各项政策相互衔接、形成合力。建立透明的信息披露制度，让公众了解三次分配的具体情况，增强政策的公信力和执行力。建立科学的绩效评估体系，对三次分配政策的实施效果进行评估，及时调整和优化政策措施。

三、社会保障体系需完善

虽然我国经济已进入高收入国家门槛值,但是社会体系、收入体系还不具备高收入国家的基本特征,这几大滞后直接导致我国的消费率过低。目前,我国的整个社会安全网、社会建设滞后于经济建设,社会保障体系还存在一些巨大的缺口。最为典型的是幼儿养育,欧美基本上将幼儿养育纳入了国家体系,但这在我国依然属于个人成本的范畴。因此,在考量各种时间、金钱成本之后,生育率下降是一个必然的结果。老年人的消费也是如此,如果我们缺乏良好的康养体系、养老体系,老年人就只能通过自我储蓄来进行养老。

目前,我国社会保障制度改革已经进入系统集成、协同高效的阶段,这一阶段不仅要求我们考虑跨期平衡保障、收付一致的原则,同时还要保障分配再平衡,达到共同富裕的效果,还有一点就是要求我们更加关注社保对于稳定经济的作用,也就是它的减震器作用。

2021年,我国社会保障支出占财政支出的比例仅为13.7%,大大低于西方国家。这也导致中国社会保障在宏观稳定上的影响不明显。与此同时,全社会固定资产总投资额接近60万亿元,政府投资各类加总超过10多万亿元。[①] 因此,政府必须从投资型政府转向服务型政府,通过社会保障体系的建设、通过提供保障性住房为居民提供更多的消费基金。而国有企业必须加强利润的国民分享,防止过度垄断带来的超额利润直接转化为投资。

社保制度的改革在追求系统集成、协同高效的阶段,要推动高质量发展和可持续发展,不仅要在精算平衡、公平正义方面发挥很好的作用,同时还应当适度考虑在整个宏观经济稳定中的功能,这样可能使我们在社会体系和社会保障体系的构建中进行全面的结构性思考。

第四节　高水平对外开放的问题和挑战

2014年12月,习近平总书记在中央经济工作会议中强调,要"实施新一轮高水平对外开放,保持经济中高速增长,推动经济发展迈向中高端水平";在2020年的

---

① 北京日报.观察|刘元春:注重提升社会保障的经济减震器作用[EB/OL]. https://baijiahao.baidu.com/s?id=1732407796644830043&wfr=spider&for=pc.

中央经济工作会议中进一步强调,"实行高水平对外开放,推动改革和开放相互促进",为我们推进对外开放工作指明了前进方向,也表明对外开放已经进入了一个新阶段。

在新阶段推进高水平对外开放并非一帆风顺,开放带来经济的繁荣与发展,也带来了意识形态考验和经济波动等潜在风险。同时,"逆全球化"思潮抬头,给我国更高水平对外开放带来了新的不确定性。2021年,《中共中央 国务院关于构建开放型经济新体制的若干意见》的发布,明确了构建开放型经济新体制的总体要求和目标,为我国开放型经济发展提供了明确的方向和路径,初步规划了我国构建开放型经济新体制的基本框架。党的二十届三中全会指出,"必须坚持对外开放基本国策,坚持以开放促改革,依托我国超大规模市场优势,在扩大国际合作中提升开放能力,建设更高水平开放型经济新体制"。完善高水平对外开放体制机制是我们主动探索对外经济合作新模式新路径、积极参与全球治理体系改革与建设的必然要求,也是应对纷繁复杂的国际政治经济局势的重大战略举措。

一、开放与安全的挑战

维护国家安全和社会安定是党和国家的一项基础性工作。党的十八大以来,面对百年未有之大变局,以习近平同志为核心的党中央日益强调安全的重要性,不断将国家安全置于更高的战略高度来对待。2014年4月15日,习近平总书记在中央国家安全委员会第一次会议上,创造性地提出了总体国家安全观。党的十九大将总体国家安全观纳入了中国特色社会主义的基本方略。党的二十大报告指出,要推进国家安全体系和能力现代化,坚决维护国家安全和社会稳定,创造性地提出了要以新安全格局保障新发展格局。改革开放以来,我国积极融入经济全球化潮流,利用国际国内"两个市场,两种资源",推动我国经济长期高速增长。在开放的过程中,同样也面临着各种考验,需要统筹开放与安全的关系。

(一)意识形态考验

20世纪80—90年代,西方经济学开始大量涌入我国,尤其是西方主流的新自由主义经济学说对我国的学术研究和改革开放实践均造成了重大不利影响。直至现在,对于进一步改革开放的方向、道路问题仍然有很多学者信奉新自由主义的市场化、私有化主张,"国进民退""国退民进"的争论长期存在。当前我国推进高水平开放的过程中,如何吸收借鉴西方经济学说的优秀成果、克服其不利影响是一大挑战和考验。我们需要坚定中国特色社会主义道路,强化主流意识形态,深化对马克思主义政治经济学和社会主义市场经济理论的认识,不断创新和发展中国特色社会主义政治经济学,确保改革开放始终沿着正确的方向发展。同时,要加强对新自由主义思潮的研究和批判,认清其本质和局限,避免其对我国改革开放和社会主义现代化建设造成负面影响。当前,我们就是要坚持以习近平经济思想为指导,立足新发展阶段,贯彻新发展理念,构建新发展格局,推动高质量发展,为实现中国式现代化和中华民族伟大复兴团结奋斗。

(二)经济开放风险

开放型经济条件下面临的经济风险主要包括以下几种:

1. 外部危机传染风险

在全球化的经济格局下,各国经济的相互依存性日益增强。一旦某个国家或地区爆发经济危机,无论是货币价值的急剧下降、股市的剧烈波动,还是债务违约等问题,都能迅速通过贸易联系、跨国投资和资本流动等途径,对其他国家的经济稳定产生一定程度的影响。这种传播效应在资本账户开放后尤为显著,因为资本账户的开放意味着资金可以更自由地跨国界流动,从而使得经济危机的传染途径更加多样化和复杂。1997年亚洲金融危机在东亚各国产生多米诺骨牌效应,波及各国的金融市场,但这场危机并未止步于亚洲地区,甚至通过金融和贸易渠道对欧美以及拉丁美洲的股市和经济增长造成了一定程度的冲击,从局部的经济动荡发展成为世界性的金融风波。后来的2007年美国次贷危机迅速演变为2008年全球金融危机都是典型事件。

2. 金融稳定风险

随着全球化和区域经济一体化的不断推进,各国对外开放的程度逐渐加深,这不仅促进了国际贸易和投资的繁荣,也带来了更加活跃的短期资本流动。短期资本流动以追求短期利润为目的,流动性强、反应迅速,这些资本流动往往具有较强的顺周期性,即在经济繁荣时期大量流入,在经济衰退时期迅速撤离。此外,短期资本流动还具有超调属性,其流动的规模和速度可能会超出经济基本面所能支撑的范围,导致资产价格的过度波动,这些都会加剧东道国经济的波动性。

3. 法律和合规风险

我国企业在"走出去"的过程中,在不同国家和地区开展业务时,可能会出现因不同国家和地区的法律法规差异较大而导致违规行为的发生,而随着国际政治经济形势的变化,一些国家和地区的法律法规可能会发生变动,给企业的"走出去"带来不确定性。

二、"反全球化""逆全球化"挑战

当前国际安全局势面临复杂局面,地缘冲突给全球安全格局带来重大影响,霸权主义和强权政治仍然是全球安全的最大不稳定因素。如今,中美两国经济实力已经与其他主要经济体拉开差距,而中美之间的差距也在不断缩小。2020年,中国经济总量占美国比重首次突破70%;而到2021年,中国GDP总量达到17.73万亿美元,同期美国23万亿美元,中国经济总量占美国比重达到了历史最高的77%。在这种背景之下,美国将中国作为主要竞争对手,企图从各个方面遏制中国发展的态势变得更加难以逆转,中美两个大国之间的博弈是未来长期一段时间内国际社会的焦点。自从奥巴马政府宣布"重返亚太",掀开遏制中国的序幕开始,无论是特朗普政府还是拜登政府,都在与中国对立的道路上越走越远,这使我国的国际安全环境面临重大的威胁和挑战,安全问题是一个不得不面对的重大现实问题。

特朗普时代的美国掀起了一阵"逆全球化"思潮,主要表现在以下几个方面:一是不断推出保护主义政策,制造了大量与其他国家尤其是中国的贸易摩擦;二是大量"退群",退出一系列国际组织和国际合作协定。

新冠疫情对全球供应链的冲击更加剧了"逆全球化"的发展,各国变得更加重视供应链的自主性,纷纷有意识地将制造业推向本土化生产和就近生产,以应对未来可能再次出现的类似冲击。拜登时代,美国的贸易政策直接对准了中国,所谓的"反全球化"很大程度上变成了"去中国化"。与特朗普时代的贸易战相比,拜登政府采取了供应链上的"脱钩断链"和限制关键核心技术出口、敏感领域投资的"小院高墙"策略。

当前,随着我国产业结构的优化升级,以光伏产品、锂电池和新能源汽车为代表的"新三样"成为引领我国增长的新兴动力。海关总署统计数据显示,2023年,我国出口机电产品13.92万亿元,增长2.9%,占出口总值的58.6%。其中,电动载人汽车、锂电池和太阳能电池等"新三样"产品合计出口1.06万亿元,首次突破万亿元大关。

2024年一季度,以人民币计价的进出口总值规模历史同期首次突破10万亿元,达到10.17万亿元,同比增长5%,创6个季度以来新高。西方国家又开始以"产能过剩"为借口指责我国向国际市场输出过剩产能,并将保护主义的大旗对准了我国的"新三样"产品。2024年5月14日,美方宣布在原有对华301关税基础上,进一步提高对自华进口的电动汽车、锂电池、光伏电池、关键矿产、半导体以及钢铝、港口起重机、个人防护装备等产品加征的关税。具体来看,美国将用于制造太阳能组件的光伏电池的关税从25%提高到50%;将电动汽车的关税从25%提高到100%;将锂离子电动汽车电池和其他电池部件的关税从7.5%提高到25%;将"某些"关键矿产的关税从0提高到25%。6月12日,欧盟宣布拟对进口自中国的电动汽车征收临时反补贴税。欧盟委员会发布公告称,如无法与中方达成解决方案,加征关税将于7月4日左右实施。欧盟委员会表示,对比亚迪、吉利汽车和上汽集团将分别加征17.4%、20%和38.1%的关税;对其他制造商将征收21%的关税;进口自中国的特斯拉汽车可能适用单独的税率。

部分国家一系列的遏制手段使得我国科技进步与发展面临重大阻碍。科技打压同样也可以视为一种外部激励,促使国内企业更加注重创新,通过技术创新推动产业升级,实现从要素驱动向创新驱动的转变。经过几十年的发展,我国在部分科技领域正实现由"跟跑"向"并跑"和"领跑"的转变,基础科技创新成果不断涌现,从科学发现到商业化应用的时间日益缩短,科学研究重心向下游应用端移动,科技实力正处于从量的积累向质的飞跃、从点的突破向系统能力提升的阶段。我国已经积累起了一定的技术基础和较为完善的现代化产业体系,使我国能够有效应对外部压力和挑战。从图4-2可以看出,国外的打压使得前几年我国高新技术产品进出口受到了一定冲击,进出口额都出现了负增长的态势,但自2023年以来,我国高新技术产品进出口开始企稳回升,重新回到了正增长区间。

2024年进入美国的大选年,可以预料的是,不管谁最终赢得选举,美国对华遏制的态度都不会发生改变。尤其是一旦特朗普上台,很可能会掀起新一轮逆全球化和对华贸易保护主义高潮。据美国《财富》杂志网站2月5日报道,美国前总统唐纳德·特朗普表示,如果他在2024年的大选中获胜,他可能会对中国商品征收超过60%的关税。报道称,这表明他对美国最大商品供应国之一的态度越来越强硬。[1] 在逆全球化尤其是西方国家"去中国化"的背景下,如何坚持独立自主发展、推动更高水平的对外开放是摆在我国面前的重要挑战。

---

[1] 参考消息.60%甚至更多!特朗普扬言当选后对华加征关税[EB/OL]. http://www.cankaoxiaoxi.com/#/detailsPage/%20/c9b3bf3db8b94dd6a69c5576c62efca1/1/2024-02-05%2016:03?childrenAlias=undefined.

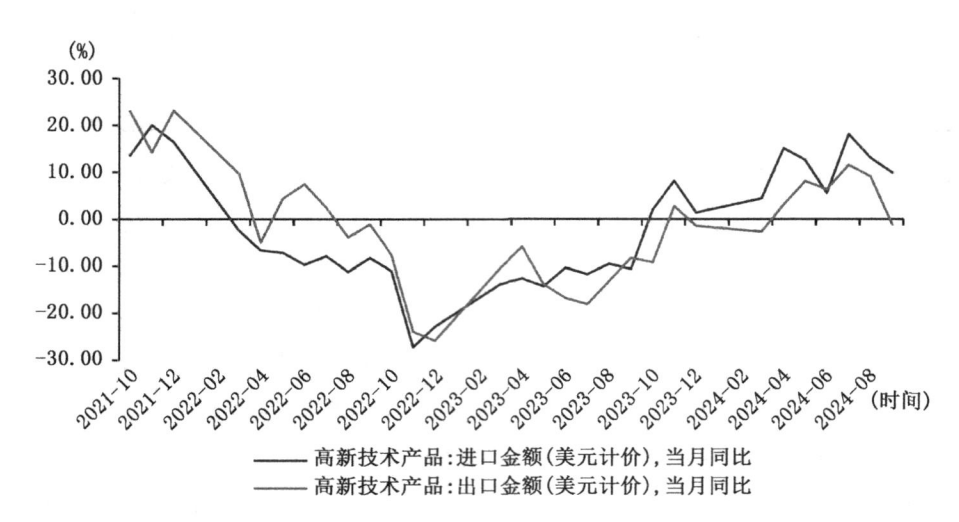

资料来源：海关总署。

图 4—2　近三年来我国高新技术产品进出口变化

三、我国在全球政治经济形势不确定性中的积极应对

目前我们处于一个波澜壮阔的时代。过去几年，中美摩擦、疫情冲击、全球去风险化浪潮、全球供应链及全球贸易格局重构等因素给各国经济带来了巨大冲击。实际上，这种"去风险"格局重构状态已过去十年，此时我们亟须总结出规律性问题。在此之前，必须看到几个典型事实。

第一，在全球贸易增长速度持续下降的过程中，中国对外贸易增速始终保持相对稳定，而没有如以往所预测的那样，遭到巨大冲击。比如，WTO 预测 2024 年全球货物贸易量增速为 2.6% 左右，从目前的情况看，中国前 5 个月货物贸易进出口总值同比增长超 6%，5 月份出口同比增长 7.6%，高于世界贸易增速 4—5 个百分点。

第二，虽然在疫情冲击以及中美冲突下，全球贸易出现了异常波动，但是，2023 年我国的出口国际市场份额达到了 14.2%，比 2019 年高 1.1 个百分点，比中美贸易摩擦爆发之前的数据高了近 3 个百分点。因此，即使有各种因素的冲击，中国出口额占全球出口额的比重，尤其是在制成品中的比重依然是持续上升的。

第三，中美冲突仍在持续，并且尺度越来越大，甚至呈现出"二选一"局面。中国对美国的贸易地位、出口占比出现了巨大变化,但是中国对美国的出口总量在过去六年中并没有减少,2024年1—5月份,中国对美出口也出现了0.2%的反弹。这样的现象可能与我们所感受到的地缘政治、大国博弈等各种外部冲击不一样。因此,在脱钩效应、去风险运动、全球产业及贸易格局重构的时代中,我们必须审视主导这种变化趋势的核心力量有哪些?如果这个主导因素把握不住,我们就会在纷繁变化的多元政治中迷失分析的核心。

主导当前贸易的核心因素有两种:一是决定竞争力的成本效应;二是决定风险的脱钩效应。权衡成本效应与脱钩效应是把握过去十年贸易规律的关键。过去十年中,虽然脱钩效应持续加剧,但中国出口的成本效应更巨大,中国的出口价格指数在持续下降,出口成本在持续下降,并且下降得很快。

第一个重要的事实是,在全球整体通胀的情况下,发达国家的通货膨胀率在过去两年一度达到4%,新兴经济体的通货膨胀率达到5.6%,同期我国国内整体CPI、PPI都处于相对较低区间。导致价格水平低迷的原因很多,但其中很重要的原因是成本优势,这个成本优势来自什么?这是我们需要探究的。目前欧美在G7公告及一系列公共外交中把我们的产能过剩、政府干预作为价格下降与获取不正当竞争优势的原因。这种看法是对我国经济发展的极其不了解。如果一个国家持续采取价格歧视,尤其是外贸价格歧视,就会导致出口价格指数与国内价格指数出现偏离,而目前中国的内外贸一体化在价格上没有出现任何系统性偏离。因此,中国没有价格歧视,2020—2024年中国出口价格指数与国内价格指数之比基本维持在100%左右。

第二个重要的事实是,价格变化幅度最大的产品种类包括汽车、计算机、机电等,这些产品的价格变化首先来源于技术进步。另外,成本优势也来源于中国庞大的国内市场加上外贸市场产生的十分显著的规模效应和学习效应,电动汽车市场在过去十年中实现大幅扩张。从美国学者的研究和美国政要的评估中,能间接证明我们目前的研究是正确的。美国目前最为担忧的是,在其"小院高墙"政策下,美国的同类产品在经过大规模补贴之后实现量产,但量产之后无法在正常的市场环境里进行销售。其中最大的威胁就在于,中国大量制成品、机电产品、高新技术产品随着技术进步、规模效应产生了成本效应,这使美国及其相应的离岸、友岸外包项目难以实现持续的市场化盈利。

这个结果导致了一个更为明显的效应,就是美国所布局的"小院高墙"难以在脱离各种政治扶持下进行常态化的市场化机制,也就是说,它不具有常态市场竞争下的可持续性。这也解释了为什么 G7 会在今年把中国的产能过剩作为一个国际议题抛出来。因此,即使欧美过去对我们持续征收高关税,中国贸易占世界贸易的比重及贸易增速等核心参数并没有发生根本性变化,反而逆势上扬,这里面最大的原因是我们的技术进步、成本效应比想象中要快、要好。

过去十年是中美大国博弈如火如荼展开的十年。回顾这十年,我们就会看到,在美国开展贸易霸凌、"小院高墙"、脱钩运动的冲击下,中国在产业链、供应链布局上全面深化,更重要的是中国的产业链、创新链、人才链、资金链四链融合催生出超级效应。因此,过去十年也恰恰是中国制造向中国创新转变的十年,恰恰是大量应用型技术向产业链及微观主体全面渗透的十年。大量的民营企业进行了各种高新技术的创新,现在只要有产业链的地方就会有创新链,同时,创新产业的集群效应也在发挥作用。因此,虽然目前国内低物价的原因包括需求端的因素和供给端的因素,供给端方面也存在地方经济过度投入的因素,但从数据看,更为重要的是大量的技术与产业融合。例如,中国经济数字化比重在过去十年提高了 20 多个百分点,中国数字经济的比重在过去十年也提高了接近 20 个百分点,这是简单直接的证明。

第五章

构建高水平社会主义市场经济体制的重点领域改革及举措

改革开放尤其党的十八大以来,我国在构建社会主义市场经济体制方面取得了显著成效,探索形成了一条具有中国特色的社会主义市场化发展道路。但在新的时代背景下,我国仍然面临着如何更好优化所有制结构、如何更好协调政府与市场关系、如何平衡财富的创造与分配、如何推进更高水平对外开放等现实问题与挑战。对此,习近平总书记在党的二十届三中全会上提出的"全面建成高水平社会主义市场经济体制"战略目标以及系列相关改革举措,提供了科学的方向指引。基于此,本章拟从市场主体、市场载体、市场媒介、市场调控、市场开放五个基本维度出发,分别选取每个维度中关键的改革议题进行深入解析,并提出重点领域的改革举措及建议。

第一节 促进各种所有制经济共同发展

企业是市场经济的主体,也是市场经济运行的微观基础。坚持社会主义基本经济制度,要毫不动摇巩固和发展公有制经济,毫不动摇鼓励、支持、引导非公有制经济发展,培育更有活力、创造力和竞争力的市场主体。党的二十届三中全会进一步强调坚持和落实"两个毫不动摇",保证各种所有制经济依法平等使用生产要素、公平参与市场竞争、同等受到法律保护,促进各种所有制经济优势互补、共同发展。① 构建高水平社会主义市场经济体制,需要进一步深化改革,充分发挥不同所有制的优势,探索混合所有制的实现形式,形成不同所有制融合发展的市场主体格局,促进各种所有制经济共同发展。

一、推动国有资本和国有企业做强做优做大

国有企业和国有资本作为我国公有制经济的重要载体,是我国基本经济制度的奠基石,是国家工业化和现代化的推进器,是提高我国产业国际竞争力的重要保障,是推进改革保持经济持续发展、实现社会主义现代化强国的重要依靠力量,也是实现全体人民共同富裕的重要主体。正如习近平总书记所指出的:"公有制经济是全体人民的宝贵财富,公有制经济主体地位不能动摇,国有经济主导作用不能动摇,这是保证我国各族人民共享发展成果的制度性保证,也是巩固党的执政地位、坚持我国社会主义制度的重要保证。"②党的十八大以来,党中央高度重视国有企业和国有资本,习近平总书记多次强调要理直气壮地做强做优做大国有企业和国有资本,不断增强国有经济活力、控制力、影响力和抗风险能力。党的二十大报告指出,构建高水平社会主义市场经济体制,要"深化国资国企改革,加快国有经济布局优化和结构调整,推动国有资本和国有企业做强做优做大,提升企业核心竞争力"③。党的二十届三中全会进一步强调指出要深化国资国企改革,"增强核心功能,提升核心竞争力"④。

第一,坚持问题导向,对标现代化要求,深化国资国企改革。改革开放以来,国资国企经过多轮改革,取得了较大进展。特别是党的十八大以来,党中央、国务院制定了关于国资国企的多项改革举措,指导实施国企改革行动计划和深化提升行动,取得了重大成效,总体上已经同市场经济相融合,形成了具有活力和竞争力的市场主体,为推动经济社会发展、保障改善民生、开拓国际市场、推进现代化建设做

---

① 中共中央关于进一步全面深化改革 推进中国式现代化的决定[EB/OL]. https://www.gov.cn/zhengce/202407/content_6963770.htm?sid_for_share=80113_2.
② 习近平.立足我国国情和我国发展实践 发展当代中国马克思主义政治经济学[N].人民日报,2015-11-25.
③ 习近平.高举中国特色社会主义伟大旗帜 为全面建设社会主义现代化国家而团结奋斗[M].北京:人民出版社,2022:29.
④ 中国共产党第二十届中央委员会第三次全体会议公报[EB/OL]. https://www.gov.cn/yaowen/liebiao/202407/content_6963409.htm.

出了重大贡献。但与现代化强国目标下的市场经济体制建设要求相比，还存在一些亟待解决的问题，包括一些国有企业市场主体地位还未真正确立，现代企业制度还不健全，国有资产监管体制有待完善，国资国企运行效率有待进一步提高等。因此，对标社会主义现代化建设的目标，要继续深化国资国企改革，特别是在企业制度、监管体制、配置机制等方面加强改革力度。

第二，坚持分类施策，优化国资国企战略布局和结构调整。党的十八大以来，党中央、国务院制定深化国企改革的指导意见，提出要结合不同国有企业在经济社会发展中的作用、现状和需要，围绕主营业务和核心业务范围，将国有企业界定为商业类和公益类。不同类型的国有企业在市场经济中的运行规律和在国民经济中发挥的作用不同。商业类国有企业以增强国有经济活力、放大国有资本功能、实现国有资产保值增值为主要目标，按照市场化要求实行商业化运作；而公益类国有企业以保障民生、服务社会为主要目标，其必要产品和服务价格由政府调控。在前期改革的基础上，要继续推动国有经济聚焦战略安全、产业引领、国计民生、公共服务等功能，向关系国家安全、国民经济命脉的重要行业集中，向提供公共服务、应急能力建设的重要行业集中。对于充分竞争领域的国有企业，要按照市场原则，强化资本收益目标和财务硬约束，提高企业经营效益。完善国有企业分类考核评价体系，开展国有经济增加值核算。

第三，坚持管资本为主，深化国有资产管理体制改革。从管企业为主转向管资本为主，是国有企业转向适应市场经济体制、提高经营管理效益的重要举措。国有企业改革必须加强监管，防止国有资产流失，实现国有企业和国有资本做强做优做大的目标。以管资本为主转变国有资产监管职能，适应国有资产资本化、国有企业股权多元化的发展需要，加强对企业出资关系的监管，注重国有资本整体功能，强化运用市场化、法治化手段，更加注重提升质量效益。坚持授权与监管相结合、放活与管好相统一，继续推进国资监管理念、重点、方式等多方位转变，调整优化监管方式，实现监管职能与方式相互融合、相互促进，增强向管资本转变的系统性和有效性。深化国有资本投资、运营公司改革，科学界定国有企业各个产权和管理主体的权利边界，建立国有企业履行战略使命评价制度。遵循市场化原则，稳步推动国有企业劳动用工和收入分配制度改革。

第四，坚持创新理念，完善中国特色现代企业制度。中国特色现代企业制度是与社会主义市场经济体制相适应，与当前社会发展阶段、我国基本国情以及全球企业发展趋势相吻合的具有中国特色的社会主义企业制度。建立和完善中国特色现代企业制度是提升企业活力和效率、解决国有企业与市场经济相融合的重要举措。当前,要进一步完善中国特色国有企业现代公司治理和市场化运营机制。活力和效率是国有企业改革的中心问题,全面落实"两个一以贯之",健全中国特色现代企业制度,充分发挥国有企业党委(党组)把方向、管大局、保落实的领导作用,提升国有企业公司治理水平。更广更深落实三项制度改革,全面构建中国特色现代企业制度下的新型经营责任制,健全更加精准灵活、规范高效的收入分配机制,激发各级干部职工干事创业的积极性、主动性、创造性。

二、为民营经济发展壮大营造良好制度环境

民营经济是非公有制经济的主要经济组织形式,是我国经济制度的内在要素。包括民营经济在内的非公有制经济是改革开放以来在中国共产党的方针政策指引下发展起来的,是社会主义市场经济的重要组成部分,是稳定经济的重要基础,是国家税收的重要来源,是技术创新的重要主体,是金融发展的重要依托,是经济持续健康发展的重要力量。正如习近平总书记指出的:"党中央始终坚持'两个毫不动摇'、'三个没有变',始终把民营企业和民营企业家当作自己人。"[1]党的十八大以来,国际国内形势发生了深刻复杂的变化,民营经济在取得巨大发展的同时,也面临许多新情况和新问题,党中央高度重视民营经济的发展。党的十八届五中全会强调:"鼓励民营企业依法进入更多领域,引入非国有资本参与国有企业改革,更好激发非公有制经济活力和创造力。"党的二十大强调要坚持"两个毫不动摇",提出"促进民营经济发展壮大"。党的二十届三中全会强调指出,要"坚持致力于为非公有制经济发展营造良好环境和提供更多机会的方针政策"[2]。党中央不断加强顶层设计,强化政策引导,陆续出台一系列重要文件,为民营经济发展壮大提供了有力的政策和制度保障。

第一,优化公平竞争的营商环境,充分激发民营经济生机活力。公平竞争是市场经济的基本要求,只有确保各类市场主体在经济活动中处于公平竞争的地位,才能够构建完善的市场体系,充分激发各类市场主体的活力,进而更好地发挥市场机制的作用。针对当前民营经济发展环境仍然存在有待优化的问题,需要全面贯彻

---

[1] 叶日者.谱写民营经济发展新篇章[N].人民日报,2023-04-06.
[2] 中国共产党第二十届中央委员会第三次全体会议公报[EB/OL]. https://www.gov.cn/yaowen/liebiao/202407/content_6963409.htm.

落实公平竞争的政策制度和法律法规,健全公平竞争制度框架和政策实施机制,在宏观调控、产业政策和微观规制等方面对各类所有制企业一视同仁、平等对待。破除市场准入壁垒,完善市场退出机制,清理规范政务服务事项的前置条件和审批标准,按照市场化、法治化原则推动民营企业进入和退出市场的程序和进程。当前,针对企业发展实际困难,加大对民营经济的政策支持力度,包括完善融资支持政策制度、拖欠账款常态化预防和清理机制、支持政策直达快享机制,强化人才和用工需求保障、政策沟通和预期引导。推进基础设施竞争性领域向经营主体公平开放,完善民营企业参与国家重大项目建设长效机制。

第二,健全平等保护的法治环境,营造民营经济良好稳定预期。市场经济是法治经济,依法保障包括民营企业在内的各类市场主体在市场经济中的产权和权益,同时规范市场行为,是完善社会主义市场经济体制的应有之义。首先,要保障民营企业依法平等使用资源要素、公开公平公正参与竞争、同等受到法律保护,要加大《公平竞争审查条例》实施力度,促进公平竞争。其次,要充分发挥民营企业党组织作用,推动企业加强法治教育,建立多元主体参与的民营企业腐败治理机制。与此同时,要持续完善知识产权保护体系,加大对民营中小微企业原始创新保护力度,充分激发中小微企业的创新活力。最后,要完善监管执法体系,加强监管标准化、规范化建设,依法公开监管标准和规则,增强监管制度和政策的稳定性、可预期性。提高监管公平性、规范性、简约性,杜绝选择性执法和让企业"自证清白"式监管。对侵犯各种所有制经济产权和合法利益的行为实行同责同罪同罚,完善惩罚性赔偿制度。

第三,引导民营经济践行新发展理念,自觉走高质量发展之路。推动高质量发展是实现社会主义现代化强国的首要任务,也是新时代高水平社会主义市场经济体制建设的重要目标。促进民营经济发展壮大,必须注重引导民营企业完善治理结构和管理制度。特别是引导民营企业完善法人治理结构、规范股东行为、强化内部监督,实现治理规范、有效制衡、合规经营,鼓励有条件的民营企业建立完善中国特色现代企业制度。同时支持提升民营企业科技创新能力,加快推动企业数字化转型和技术改造,让民营企业更能够适应高标准市场体系和高质量发展的要求。健全规范和引导民营资本健康发展的法律制度,为资本设立"红绿灯",完善资本行为制度规则,使民营企业、民营资本和民营经济的发展始终保持在社会主义市场经济的轨道上,推动民营经济高质量发展。

三、探索不同所有制融合发展的体制机制

混合所有制经济,是以公有制为主体、多种所有制经济共同发展这一基本经济制度的重要实现形式。习近平总书记指出:"要积极发展混合所有制经济,强调国有资本、集体资本、非公有资本等交叉持股、相互融合的混合所有制经济,是基本经济制度的重要实现形式,有利于国有资本放大功能、保值增值、提高竞争力。这是新形势下坚持公有制主体地位,增强国有经济活力、控制力、影响力的一个有效途径和必然选择。"[①]混合所有制经济作为基本经济制度的重要实现形式,是社会主义市场经济体制下所有制形式的新发展。混合所有制经济不但可以将公有制经济与市场经济更好地融合,也是公有制经济与非公有制经济融合发展的新形式;不但可以巩固公有制经济主体地位,也有利于不同所有制之间取长补短、相互促进、共同发展。从"混合所有制经济是公有制经济的实现形式"到"混合所有制经济是社会主义基本经济制度的实现形式",充分表明混合所有制经济也是社会主义非公有制经济的实现形式,是实现不同所有制融合发展的重要载体,也是高水平社会主义市场经济的重要发展方向。

第一,深化混合所有制改革,推动形成不同所有制相互融合发展体制。科学制订混合所有制改革方案,确保混合所有制改革规范有序推进。分层分类进行改革,不搞一刀切,不搞全覆盖。让混合所有制经济成为社会主义市场经济的主要经济主体,为社会主义强国目标的实现奠定坚实的所有制基础。在深入开展重点领域混合所有制改革试点基础上,按照完善治理、强化激励、突出主业、提高效率要求,推进混合所有制改革,规范有序发展混合所有制企业。对充分竞争领域的国有企业,探索将部分国有股权转化为优先股,强化国有资本收益功能。探索建立有别于国有独资、全资公司的混合所有制企业治理机制和监管制度,对国有资本不再绝对控股的混合所有制企业,探索实施更加灵活高效的监管制度。发展混合所有制,既要引入非国有资本参与国有企业改革,也要鼓励国有资本以多种方式入股非国有企业,实现不同所有制的股权融合、战略合作、资源整合。

第二,兼顾不同所有制核心利益,推动形成混合所有制企业分配机制。混合所

---

① 习近平.关于《中共中央关于全面深化改革若干重大问题的决定》的说明[J].求是,2013(22):19—27.

有制企业发展的关键在于,将国有资本和非国有资本融合在一个符合市场运行规则的企业整体之中。不同所有制企业之所以能够相互投资形成混合所有制经济,主要在于能够满足双方利益诉求。国有股东的主要目标是搞活企业经营机制、放大国有资本功能和提高企业经济效益,民营股东则更加关注话语权、经济效益和现金分红。对于股份制企业,兼顾国有股东和民营股东的核心利益,为实现混合所有制改革后稳定的投资回报,参照上市公司相关监管规定,混合所有制企业应在公司章程中约定可支配利润的最低分红比例,并努力提高最低分红比例的数值水平,统筹兼顾国有资本和民营资本的各自利益,促成双方合作共赢,形成良性循环的混合所有制分配机制。

第三,坚持优势互补,推动形成混合所有制企业文化的有效融合机制。在发展混合所有制经济过程中,也要注意重视文化融合,防止企业因文化差异和经营理念的不同而产生不必要的矛盾和误解。应该取长补短,实现混合所有制改革后企业文化的有效融合。国有企业文化的优势主要体现在系统、全面、规范等方面,民营企业文化的优势主要体现在灵活、高效、创新等方面。国有企业和民营企业文化融合的基础是相互尊重、相互制约、话语权保障、核心利益保障和公司法人治理机制顺畅运转。在此基础上,吸收双方管理文化的优势,摒弃双方管理文化的劣势,根据企业所在行业实际情况和形势变化,实现两种文化的有效整合,形成与时俱进的企业经营新理念,提高企业的向心力和凝聚力,塑造混合所有制企业的独特先进企业文化。

第二节　加快构建全国统一大市场

市场在资源配置中起决定性作用,中国拥有超大规模且极具增长潜力的市场,是我国发展的巨大优势和应对变局的坚实依托。党的十八大以来,习近平总书记多次强调,要加快建设全国统一大市场,并在党的十八届三中全会、十九大和二十大均作出相应部署。党的二十届三中全会进一步强调,要"构建全国统一大市场。推动市场基础制度规则统一、市场监管公平统一、市场设施高标准联通"[①]。全国统

[①] 中共中央关于进一步全面深化改革 推进中国式现代化的决定[EB/OL]. https://www.gov.cn/zhengce/202407/content_6963770.htm?sid_for_share=80113_2.

一大市场的建设重点包括三个方面,即统一的制度、统一的市场和更高水平的市场联通。① 其中,基础制度规则统一是基础,提供法律和政策保障,确保市场的规范运作;统一的市场是实际运作,通过要素市场的完善与统一,实现资本优化配置,体现统一的基础制度的具体实施;更高水平的市场联通是优化提升,通过现代化物流体系、信息技术和国际化合作,提升市场的整体效率和全球竞争力。上述三方面相辅相成,共同构建了全国统一大市场的完整体系。

一、加快建设基础制度规则统一的高标准市场体系

市场基础制度规则包括产权制度、准入规则、竞争规则和交易规则等方面,是规范市场经济运行的基本制度框架,也是推动高水平社会主义市场经济体制改革的重要环节。习近平总书记在2014年中共中央政治局第十五次集体学习时便强调,要"加快建设统一开放、竞争有序的市场体系,建立公平开放透明的市场规则"②;在2020年中央全面深化改革委员会第十二次会议上进一步提出,要"建设高标准市场体系,全面完善产权、市场准入、公平竞争等制度,筑牢社会主义市场经济有效运行的体制基础"③;党的二十届三中全会更是明确将"推动市场基础制度规则统一"作为构建全国统一大市场的重要内容之一。由此可见,基础制度规则统一是高标准市场体系的必然要求,但与此同时还必须兼顾基础制度规划的地方适应性,并通过体制机制建设形成有效的保障和支撑。

第一,高标准市场体系要求基础制度规则以统一性为本、兼顾适应性。建立超大规模的全国统一大市场,最大的特点在于基础制度规则的统一。2022年,中共中央、国务院发布了《关于加快建设全国统一大市场的意见》文件,提出了实现市场基础制度规则统一的四大工作要点,包括:(1)完善统一的产权保护制度;(2)实行统一的市场准入制度;(3)维护统一的公平竞争制度;(4)健全统一的社会信用制度。这些措施通过统一规则和标准,有利于确保各地区在市场建设和经济发展中的协调与合作,从而实现全国市场的高效运作和整体繁荣。考虑到中国当前的区域不

---

① 周泽红,郭劲廷.以全国统一大市场建设推动区域协调发展的政治经济学分析[J].马克思主义与现实,2024(02):101—111.
② 习近平.正确发挥市场作用和政府作用 推动经济社会持续健康发展[N].人民日报,2014—05—28.
③ 中共中央 国务院关于新时代加快完善社会主义市场经济体制的意见[EB/OL].https://www.gov.cn/xinwen/2020-05/18/content_5512696.htm.

平衡发展问题,如何在基础制度规则统一的前提下,有序促进区域协调发展,加快落后地区发展步伐,同时避免落入地方保护主义的窠臼,有必要理解"统一"的深层含义。"统一"并非通常意义上的统率、统辖、统筹、统管,而是指由部分联结成整体、从分歧归于一致的过程。[①] 为此,应在制定统一的基础制度框架时,保持一定的适应性特征。例如,允许欠发达地区在统一标准下获得适当的调整和支持。这样不仅能打破行政性市场分割和地方保护主义的壁垒,而且能有效解决区域发展不平衡的问题。

第二,构建统一性为本、兼顾适应性的基础制度规则应遵循辩证逻辑。一是国家层面的基础制度规则统一。在全国范围内确保产业政策、市场准入标准和基本法律法规的一致性,避免地方保护主义和市场分割现象,从而保证国家政策的统一性和市场的一体化。通过统一的产权保护、市场准入、公平竞争以及社会信用制度,确保市场环境的稳定和高效运行。二是允许区域性实施机制存在适当差异。在国家统一规则的框架下,允许欠发达地区根据自身特点进行适当调整,实施如税收优惠和财政补贴等措施。这些调整和支持应与统一的市场准入制度结合,使得所有地区在遵循相同市场准入标准前提下,享有灵活的政策支持。差异化支持机制还鼓励区域之间的协调与合作,通过发达地区对欠发达地区的支持和帮助,如技术援助和投资支持等,帮助欠发达地区提升产业竞争力和创新能力,实现共同发展。三是差异化实施机制应做到规则统一和公开透明。差异化实施机制应当有明确的条件和目标,例如支持欠发达地区在技术创新、产业升级等方面的特定发展目标。对于条件相同的地区,支持的标准和力度应当一致。同时,相关政策应当公开透明,接受社会公众和市场的监督。规则统一和公开透明的差异化支持机制有助于防止地方保护主义,并与国家统一的社会信用制度相配合,增强市场信任,确保政策真正落地生效。

第三,落实统一性为本、兼顾适应性的基础制度规则须依托一定的体制机制保障。为落实统一性为本、兼顾适应性的基础制度规则,首先,需要构建一个既能确保中央政府主导,又能及时根据市场反馈信息进行动态调整的全国统一规则平台;其次,要有效转变地方政府行为取向,使其主要职能从地方发展向全国统一高质量发展转变,即改变地方政府绩效评价体系,建立以全国经济高质量发展和落实基本规则统一程度为核心的评价标准;最后,要落实对地方保护主义的严格问责机制,

---

① 刘志彪. 全国统一大市场构建的底层逻辑与推进路径[J]. 东南学术,2024(02):64—73.

对于滥用支持政策、未达到预期效果的地区进行问责,并调整或取消支持,确保政策的公正和有效。为实现上述目标,可以借助区块链技术和大数据人工智能技术的发展,打造全国统一的区块链治理平台。具体而言,可包括以下三点:

一是打造全国统一的区块链治理平台,实现更高效和更透明的市场基础制度规则统一。利用区块链技术高度透明和不可篡改的特征,建立全国统一的产权登记系统,确保产权信息透明和安全,防止信息不对称和地方保护主义;构建去中心化的市场准入平台,提高效率和透明度,减少人为干预,提升市场准入效率;优化公平竞争制度,利用区块链技术记录企业的竞争行为,通过区块链平台实时监控市场竞争行为,及时发现和处理垄断和不正当竞争行为;建立全国统一的区块链社会信用记录系统,确保信息的透明可信和广泛覆盖。

二是利用区块链技术特性,实现全国统一基础规则的可动态调整与市场反馈互动性。通过更新智能合约的规则,及时响应市场变化和生产力发展的需求,调整产权保护、市场准入、公平竞争和社会信用的具体规定。通过区块链平台,定期收集企业和公众的意见与反馈,确保制度规则的制定和调整符合社会需求和市场实际。在重大调整事项上,利用区块链的去中心化特点,进行公众投票表决,提高决策的民主性和公信力。

三是设立多层次治理结构适应地区政府职能的阶段性转变要求。通过分层区块链治理结构,不同层次的治理机构可以根据需要对产权保护、市场准入等基本制度进行细化和完善。例如,设立地方层级的区块链治理平台,负责地方性的产权保护、市场准入和社会信用管理,确保在全国统一的框架下,地方政策能够灵活应对区域特定需求,同时保持整体的一致性和协调性。

二、以培育数据要素市场为抓手推动要素市场统一发展

统一的市场是指在统一的制度保障下,商品市场、资本市场、劳动力市场、技术与数据市场等各类市场均得以统一和规范运作,实现资源的自由流动和优化配置。就当前国情而言,商品市场已发展较为成熟,但要素市场仍存在诸多需要完善之处,其中数据要素市场是当下的建设重点,也是推动要素市场统一发展的重要抓

手。正如党的二十届三中全会强调,要"培育全国一体化技术和数据市场"①。对此,必须充分发挥政府的"建构市场"功能,切实解决数据确权问题,并通过设立试验区循序渐进完成数据要素市场的构建。

第一,构建数据要素市场要求发挥社会主义中国的"建构市场"功能。2022年12月,中共中央、国务院印发了《关于构建数据基础制度更好发挥数据要素作用的意见》(以下简称"数据二十条"),明确了数据产权、流通交易、收益分配、安全治理等基本制度搭建方向。然而调研显示,我国数据市场完善的实践中,仍然存在数据流通共享难、定价和收益分配无章可循、数据平台的虹吸效应和垄断行为带来的收益失序等问题。② 由此可见,立足当前发展阶段,中国构建数据要素市场的痛点和堵点主要集中在供给侧。以公共数据为例,虽然"数据二十条"明确规定了"推进实施公共数据确权授权机制"③,但现实中仍存在公共数据持有单位推动本单位数据入市交易动机不足的问题。如拥有垄断数据和寡头垄断数据的电力单位、移动通信数据单位等,由于推动本单位数据入市与其主营业务关联不大,因此往往动机不足;医疗等公共事业单位,本身业务十分繁忙,又不以营利为目标,更是严重缺乏推动本单位数据入市的动机。尤其由于相关法律法规的缺失,对于不同层次的数据分别拥有哪些权责利没有明确的规定,因此,大胆推动事业单位、央企国企数据市场化流通的改革者可能面临一定的政策风险。在此情况下,国家应发挥"建构市场"功能,通过国家来承担在供给侧和需求侧构建市场的作用,从而将符合社会主义生产目的的使用价值目标引入市场,使之与企业追求的价值目标相结合,并使前者最终居于相对主导的地位。④

第二,数据确权是政府"建构市场"必须解决的首要痛点。当前中国数据要素市场有序运行面临的首要难点是数据权责利界定不明确,从而数据流通各方的行为标准无法统一,导致交易成本过高,数据要素市场化无法有效推进。公共数据持有部门推动数据入市积极性不足的现实也正说明了这一点。为此,"数据二十条"明确规定了数据确权的基本原则。通过"数据资源持有权、数据加工使用权、数据产品经营权"三权分置,制定了激活要素价值实现的基础性制度。但上述语言仍然

---

① 中共中央关于进一步全面深化改革 推进中国式现代化的决定[EB/OL]. https://www.gov.cn/zhengce/202407/content_6963770.htm?sid_for_share=80113_2.
② 严赋憬,陈炜伟.聚焦国家数据局正式挂牌[EB/OL]. http://www.news.cn/politics/2023-10/25/c_1129938681.htm.
③ 中共中央 国务院关于构建数据基础制度更好发挥数据要素作用的意见[N].新华社,2022—12—19.
④ 孟捷.社会主义初级阶段基本经济规律新论[J].学术月刊,2022,54(12):34—45.

是政策性话语,如何将其转化为法律上的"排他权、许可权、处分权"并根据标准化的市场关系进一步细化权利类型,仍然面临困难。① 从国际经验来看,数据确权难题仍未解决。如欧盟和美国分别通过市场赋能型法律和市场嵌入型法律进行了立法尝试,但在推动数据要素市场有效运行中仍然面临不少困难。② 中国数字经济发展的经济、政治、文化基础均不同于欧美,必须形成符合中国实际的法律法规。考虑到中国数字经济发展尚在探索阶段,数据交易经验尚不丰富,2023年9月,十四届全国人大常委会立法规划将"数据权属"列入"立法条件尚不完全具备,需要继续研究论证的立法项目",表明数据确权问题仍需进一步研究与推进。正如习近平总书记强调,"数据基础制度建设事关国家发展和安全大局,要维护国家数据安全,保护个人信息和商业秘密,促进数据高效流通使用、赋能实体经济,统筹推进数据产权、流通交易、收益分配、安全治理,加快构建数据基础制度体系"③。在此情况下,应发挥中国政府在供给侧的"建构市场"功能,抓好"五个统一",即市场基础制度规则统一、市场设施高标准联通、统一的要素和资源市场、商品和服务市场高水平统一、市场监管公平统一,以解决"建构市场"的首要痛点。

第三,政府"建构市场"应遵循渐进式推进原则。国家"建构市场"不是一蹴而就,而应遵循渐进式原则,通过从试验区积累经验再推广的方式推至全局。考虑到目前国内大量商业数据已被企业占有且具备"先发优势",而国有数据大多尚未开发且权属明晰,因此,可以以公共数据为抓手先行试点,加快推动公共数据有序流通。公共数据是指由各类公共管理和服务主体在履行或提供服务过程中收集、产生的与公共利益相关的数据④,包括公共属性数据和准公共属性数据,但不包含涉及公共利益的私营平台企业业务数据(商业数据)。当前,我国在推动公共数据要素市场化中已经进行了大量探索,主要包括以下几种模式:(1)广东、浙江、贵州、江苏、北京、成都等省市的"一级市场(授权经营)+二级市场(场内交易)模式",强调国有资本运营的核心作用和公共数据流通平台的打造;(2)"公共数据开发利用+场外交易模式",以上海随申行智慧交通科技有限公司、克而瑞集团和国家健康医疗大数据(北方)等机构进行数据运营,形成数据产品进行场外交易;(3)依托数据

---

① 许可.数据要素市场的法律建构:模式比较与中国路径[J].法学杂志,2023,44(06):105—120.
② 许可.数据要素市场的法律建构:模式比较与中国路径[J].法学杂志,2023,44(06):105—120.
③ 习近平.加快构建数据基础制度 加强和改进行政区划工作来源[N].人民日报,2022-06-23.
④ 中国软件评测中心.公共数据运营模式研究报告[R].北京:中国软件评测中心,2022.

平台构建公共数据流通市场模式,在海南、广州等地进行试点。[①]

在建设数据要素市场试点区过程中,应重点关注如下几方面工作:

一是制定数据开放引导政策和激励机制。即政府出台相关政策,明确要求公共事业单位和央企在保障安全和隐私的前提下,开放一定范围内的数据资源;同时设立专项基金,对积极开放数据并产生明显社会经济效益的公共事业单位和央企进行奖励,还可以给予一定的财政与税收优惠。

二是打造政府引导和示范项目。政府部门牵头实施数据市场化示范项目,选择代表性单位作为试点,推动数据市场化,并总结成功经验,带动更多的单位参与数据市场化。如选择几家代表性机构开展试点项目,通过示范项目的社会效益和经济效益,梳理典型并带动行业内其他单位积极参与。

三是建立数据资产评估和收益分享机制。对相关数据进行价值评估,明确数据的市场价值,并制定数据市场化收益分享政策,确保数据市场化带来的收益能够直接激励相关单位和部门。如引入第三方评估机构,对相关数据资产进行科学评估,定期公布评估结果;制定明确的收益分享机制,将数据市场化收益的一部分用于提升单位的科研水平和员工福利。

四是技术支撑和平台建设。提供数据处理、数据脱敏、数据安全等方面的技术支持,降低公有医院和央企数据市场化的技术门槛。政府或行业协会牵头,建设全国统一的数据交易平台,为公有医院和央企提供数据发布、交易、使用等一站式服务。引入专业的数据处理和数据安全公司,为数据提供者提供技术支持,保障数据市场化过程中的安全和隐私保护。

三、以构建现代流通体系推进市场设施高标准联通

党的二十届三中全会将"市场设施高标准联通"作为构建全国统一大市场的重要内容之一,而市场设施高标准联通又要依托于现代流通体系的构建。对此,习近平总书记曾明确强调,要"统筹推进现代流通体系硬件和软件建设,发展流通新技术新业态新模式,完善流通领域制度规范和标准,培育壮大具有国际竞争力的现代物流企业"[②]。由此可得,构建现代流通体系应把握好物流和信息流两个方面的高

---

① 范佳佳.公共数据进入数据要素市场模式研究[J].信息资源管理学报,2024,14(02):68—81.
② 统筹推进现代流通体系建设 为构建新发展格局提供有力支撑[N].人民日报,2020—09—10.

效联通,同时着力推动两者向智能化和国际化不断发展。

第一,构建高效联通与多层次布局的物流网络。一是优化物流网络布局。推动国家物流枢纽网络建设,打造多式联运发展的物流网络。建立和优化全国范围内的物流枢纽,形成多层次、多节点的物流网络布局,确保各地区物流设施的高效联通。推动公路、铁路、水运和航空等多种运输方式的无缝衔接,提升物流运输的效率和可靠性。二是提升仓储和配送能力。构建现代化仓储系统,完善城市配送网络。建设和升级智能化仓储系统,提高仓储管理的效率和精准度,确保货物储存的安全和高效。完善城市配送和"最后一公里"配送体系,提升商品配送的速度和服务质量,满足消费者的需求。

第二,完善透明化和标准化市场信息交互系统。一是建立统一的信息发布平台,实现市场信息透明化和数据标准化。建设全国统一的市场信息发布和共享平台,确保市场主体信息、交易信息和物流信息的公开透明,减少信息不对称。推进市场信息的数据标准化和接口统一,促进信息的高效流动和使用。二是加强信息监管和评估。推行第三方监管机制,引入独立的第三方机构,对市场信息的发布和使用情况进行监管和评估,确保信息的真实性和可靠性。建立健全信息公开制度,要求市场主体及时、准确地披露经营信息和物流动态,提升市场透明度。

第三,推动可视便捷的智能化联通体系。一是打造智能物流系统。利用物联网技术,实现物流全过程的可视化和智能化管理,提升物流的运作效率和服务水平。应用区块链技术,建立可信的物流信息追踪和交易记录系统,确保物流数据的透明和不可篡改。二是建设数字化交易平台。构建智能化商品交易平台,实现商品交易的高效、便捷和安全。利用大数据分析,提供精准的市场供需信息和趋势预测,帮助企业制定科学的经营决策。完善综合服务体系,通过鼓励交易平台与金融机构合作,发展涵盖产权界定、价格评估、担保、保险等业务的综合服务体系,提升市场服务水平。

第四,加强国际化联通提升全球供应链管理能力。一是国际物流通道建设。落实"一带一路"倡议,加快"一带一路"沿线国家的物流通道建设,提升国际供应链管理能力,促进国际贸易和投资。推动自由贸易区和自由港建设,简化通关手续,降低贸易成本,吸引国际企业和资本。二是发展跨境电商和物流。支持跨境电商平台的发展,建立高效的跨境物流网络,满足国际市场的需求,提升商品流通的效率和服务质量。三是加强国际物流合作。建立与主要贸易伙伴国家的物流合作机制,推动国际物流标准化和互联互通,提升全球市场的竞争力。

第三节　推进资本市场健康稳定发展

资本市场在社会主义市场经济中扮演着不可替代的角色,在优化资源配置、调整经济结构、促进产业转型升级等方面均具有重要作用。党的十八大以来,习近平总书记多次围绕资本市场改革发表重要讲话,指出"发展资本市场是中国的改革方向"[①],"要着力打造现代金融机构和市场体系,疏通资金进入实体经济的渠道。优化融资结构,更好发挥资本市场枢纽功能"[②]等,为资本市场的高质量发展指明了方向。党的二十届三中全会进一步明确指出,要"健全投资和融资相协调的资本市场功能,防风险、强监管,促进资本市场健康稳定发展"[③]。上述论述要求,在进一步明确健全资本市场体系总体目标和具体要求的基础上,从更好发挥资本市场对国内实体经济的服务功能、更好推进资本市场高水平开放两大层面出发,探讨推进资本市场健康稳定发展的改革举措。

一、加快健全资本市场体系

资本市场的健康稳定发展离不开健全的资本市场体系。对此,2024年国务院印发的《关于加强监管防范风险 推动资本市场高质量发展的若干意见》明确指出,要"紧紧围绕打造安全、规范、透明、开放、有活力、有韧性的资本市场,坚持把资本市场的一般规律同中国国情市情相结合"[④]。这便意味着,应将完善的资本市场体系的一般特征与中国国情相结合,从而确立我国健全资本市场体系的总体目标和具体要求。

(一)健全资本市场体系的总体目标

从总体目标来看,健全资本市场体系应具备多层次、广覆盖、高效率等特征,并

---

① 习近平.坚持构建中美新型大国关系正确方向 促进亚太地区和世界和平稳定发展[N].人民日报,2015—09—23.
② 中央金融工作会议在北京举行[N].人民日报,2023—11—01.
③ 中共中央关于进一步全面深化改革 推进中国式现代化的决定[EB/OL].https://www.gov.cn/zhengce/202407/content_6963770.htm?sid_for_share=80113_2.
④ 国务院.关于加强监管防范风险 推动资本市场高质量发展的若干意见[EB/OL].https://www.gov.cn/zhengce/zhengceku/202404/content_6944878.htm.

能够有效服务国家重大战略和推动经济社会高质量发展。具体而言：

第一，建立健全多层次的资本市场体系，为各类企业提供融资服务。当前中国资本市场体系已经形成了多层次的结构，包括主板、创业板、新三板和科创板等，这些板块在服务不同规模和发展阶段的企业融资需求方面发挥了重要作用。然而，现有资本市场体系仍然存在一些不足：其一，中小企业尤其是创新型企业在融资过程中依然面临较大困难，融资渠道相对单一，融资成本较高，融资效率有待提升。其二，市场的深度和广度尚不够，市场活跃度和交易量仍需进一步提高。其三，退市机制不够完善，一些绩差公司长期占用市场资源，影响了市场的资源配置效率。此外，从整体来看，资本市场在支持实体经济发展、推动科技创新和绿色转型等方面还存在较大提升空间。为此，进一步建立健全多层次资本市场体系具有必要性和重要性。

建立健全多层次资本市场体系应遵循市场导向、法治保障和创新驱动的原则。市场导向要求充分发挥市场在资源配置中的决定性作用，减少行政干预，提升市场的自主调节能力；法治保障则强调通过完善法律法规体系，确保市场规则的统一和透明，维护市场的公平竞争环境；创新驱动则要求不断推动金融产品和服务的创新，以适应不同类型企业和投资者的需求。在具体措施方面，可以通过完善现有板块，提升主板、创业板、新三板的服务能力和市场活力，同时评估和探索设立新的板块，如针对特定行业或领域的专业板块，以满足不断变化的市场需求。进一步完善现有板块的措施包括引入差异化的上市标准，以及增强市场层次间的联动性。比如，降低创业板、新三板的准入门槛，吸引更多成长型企业进入资本市场，推动其发展壮大。同时，优化退市机制，建立严格的退市标准和程序，淘汰绩差公司，释放市场资源，提高市场整体质量。此外，还可以通过推动资本市场与其他金融市场的互联互通，促进不同市场之间的资源流动，提升市场的深度和广度。通过这些措施，构建一个多层次、广覆盖、功能完善的资本市场体系，为各类企业提供高效便捷的融资服务。

第二，提升资本市场效率，为企业提供更加高效便捷的融资服务。随着我国市场化改革不断推进，资本市场也稳步发展，服务实体经济能力不断增强。但从目前来看，仍存在部分效率不够高、配置不够优化的领域，有待进一步深化改革。

一是优化资源配置，这是提升资本市场效率、服务实体经济的关键。资本市场作为资源配置的重要平台，应通过市场机制将资源配置到最有效的领域，推动经济结构优化和产业升级。具体而言：（1）应发展直接融资，降低企业对银行贷款的依赖,提高资本市场在企业融资中的比重。通过发行股票、债券等直接融资方式,企业可以获得长期稳定的资金支持,降低财务风险。(2)应推动资本市场创新,开发多样化的金融产品,满足不同企业的融资需求。比如,可以推广可转债、资产证券化等创新融资工具,提供更加灵活的融资选择。同时,提升中小企业的融资便利性,简化审批流程,降低融资成本。(3)应通过政策引导和市场监管,鼓励资金流向实体经济特别是科技创新和绿色产业,抑制过度投机行为,确保资本市场健康稳定发展。

二是降低融资成本,这是提升资本市场效率、减轻企业负担的重要措施。(1)应通过简化审批流程和优化监管体系,降低企业的融资成本。简化行政审批程序,提高审批效率,使企业能够更加便捷地获得融资支持。同时,优化融资结构,鼓励企业通过股权融资、债券融资等多种方式进行融资,降低对单一融资渠道的依赖。(2)应推动利率市场化,通过市场机制确定融资成本,避免人为因素对融资成本的不利影响。政府可以通过适度的政策支持,如提供财政补贴、税收优惠等,减轻企业的融资负担。(3)应通过严格的监管措施,确保资金流向实体经济,避免金融资源过度集中在房地产、金融等虚拟经济领域。通过这些措施,可以有效降低企业的融资成本,提高资本市场的服务效率。

三是提升融资效率,这是优化资本市场体系、提高资本市场服务能力的重要方面。(1)应提高资本市场的融资效率,满足企业多样化的融资需求。通过利用金融科技,提升交易效率,优化信息披露制度,提高市场透明度,可以加快企业的融资速度,缩短融资周期。(2)应优化资本市场的基础设施建设,提升市场的交易效率和结算效率,减少交易成本和时间。同时,鼓励金融机构和市场主体进行创新,开发多样化的金融产品和服务,满足不同企业和投资者的需求。(3)应通过加强市场监管,防范和化解金融风险,确保市场的稳定运行。通过这些措施,可以显著提升资本市场的融资效率,为企业提供更加高效便捷的融资服务。

(二)健全资本市场体系的具体要求

以上健全资本市场体系的总体目标的实现,依赖于系列具体条件和要求,涉及主体市场化、制度统一化、信息透明化、风险可控化等重要方面。

第一,金融机构市场化,这是健全资本市场体系的关键环节。有效处理国有金融机构和非国有金融机构的关系是关键,要明确两者的职责,实现有所为有所不为。国有金融机构应聚焦于服务国家战略和公共利益,而非国有金融机构则应在市场化竞争中发挥创新和效率优势。进一步加强金融机构的独立化和市场化行为,减少行政干预,提升其自主经营能力。具体措施包括:明确政策导向,鼓励公平竞争,为各类金融机构提供平等的市场准入机会;通过推动混合所有制改革,逐步降低国有股比例,增强市场竞争力;制定和落实激励机制,激发金融机构的内生动力,促进其在市场化环境中不断提升服务质量和效率。这些措施将有助于形成一个多元化、竞争有序的金融市场体系,提升整体金融服务能力。

第二,基础制度统一化,这是保障资本市场健康发展的重要基石。建立健全的法律法规体系是确保市场规则统一和公平公正的前提。通过完善金融法律法规,明确市场主体的权利和义务,增强市场透明度和可预期性。同时,加强执法力度,严厉打击违法违规行为,维护市场秩序和投资者权益。具体措施包括:推进市场规则的统一和透明,消除地方保护主义和监管套利,确保全国范围内的市场规则一致性;建立高效的司法和仲裁机制,为市场参与者提供公平公正的法律保障;通过加强金融监管机构的独立性和专业性,提升监管执法能力,确保法规的有效实施。统一的基础制度将为资本市场的健康发展提供坚实的法律保障,增强市场的信任和活力。

第三,市场信息透明化,这是提升资本市场效率和公信力的关键。完善信息披露制度是实现市场透明化的重要手段。通过推动上市公司信息披露制度改革,提升信息披露的及时性、准确性和全面性,确保投资者能够及时获取真实、完整的信息。具体措施包括:制定严格的信息披露标准,要求上市公司定期发布财务报告、经营情况和重大事项,并接受公众监督;加强对信息披露违规行为的处罚力度,增强企业的守法意识和信息披露的自觉性;推动信息披露技术的升级,利用区块链等新技术提高信息披露的效率和透明度;通过建立健全的信息披露监管体系,确保信息披露的规范化和透明化。这些措施将有助于提升市场的透明度,增强投资者信心,促进资本市场的健康发展。

第四,风险防范系统化,这是确保资本市场稳定运行的重要保障。加强宏观审慎监管,建立健全风险监控和预警体系,是防范系统性金融风险的关键。具体措施包括:建立全面的风险评估和监控机制,实时监测市场动态,及时预警和处置潜在风险;强化市场监管,提高监管效率和透明度,严厉打击市场违规行为,维护市场秩序和公平竞争;健全投资者保护机制,完善投资者教育,提高投资者的风险防范意识和市场参与度;通过设立投资者保护基金,为投资者提供风险补偿,增强投资者信心;发展金融科技,提升监管技术水平,推动金融创新与风险管理的平衡。通过这些措施,建立一个全面、系统的风险防范体系,确保资本市场健康稳定发展。

二、扎实做好金融"五篇大文章"

推进资本市场健康稳定发展的最终落脚点在于,更好发挥其服务于国内实体经济发展的功能。对此,习近平总书记在党的十九大会议中强调,要"深化金融体制改革,增强金融服务实体经济能力,提高直接融资比重,促进多层次资本市场健康发展"[1]。党的二十届三中全会则进一步明确指出,要"积极发展科技金融、绿色金融、普惠金融、养老金融、数字金融,加强对重大战略、重点领域、薄弱环节的优质金融服务"[2],即扎实做好金融"五篇大文章"。基于此,以下分别从五个方面提出具体改革举措。

第一,开发科技金融产品支持科技创新。开发科技金融产品是支持科技创新的重要手段。金融机构应根据科技企业的特点和需求,设计出适合科技企业发展的金融产品,如科技创新债券、知识产权质押贷款、风险投资基金等。通过设立专门的科技金融部门,提供全方位的金融服务,支持科技企业的研发和创新。推动政府与金融机构合作,设立科技创新专项基金,吸引社会资本投入科技领域,降低科技企业的融资成本。加强与科技园区和创新孵化器的合作,为科技企业提供融资、咨询、培训等综合性服务,提升科技企业的融资能力和市场竞争力。同时,鼓励金融机构创新金融工具和服务模式,利用金融科技手段提升服务效率,推动科技金融的发展。通过这些措施,金融机构可以更好地服务科技企业,助力科技创新,为经济转型升级提供有力支持。

第二,发展绿色金融支持环保和可持续发展。发展绿色金融是支持环保和可持续发展的重要途径。绿色金融通过引导资金流向环保产业和可持续发展项目,推动经济的绿色转型。金融机构应积极开发绿色金融产品,如绿色债券、绿色信贷、绿色基金等,为环保项目和企业提供融资支持。建立和完善绿色金融标准和认证体系,确保资金投向真正的绿色项目,提高资金使用效率。推动政府与金融机构合作,设立绿色发展专项基金,吸引社会资本参与绿色项目,降低绿色企业的融资成本。通过绿色金融政策的激励,如税收优惠、财政补贴等,鼓励企业和投资者参与绿色金融。加强绿色金融的信息披露和监管,确保绿色金融项目的透明度和可

---

[1] 习近平在中国共产党第十九次全国代表大会上的报告[N]. 人民日报,2017—10—28.
[2] 中共中央关于进一步全面深化改革 推进中国式现代化的决定[EB/OL]. https://www.gov.cn/zhengce/202407/content_6963770.htm?sid_for_share=80113_2.

持续性。通过这些措施,可以有效推动绿色金融的发展,支持环保产业的壮大,实现经济的可持续发展。

第三,推进普惠金融扩大金融服务覆盖面。推进普惠金融是扩大金融服务覆盖面的关键。普惠金融旨在为中小微企业、农户和低收入群体提供便捷、可负担的金融服务。金融机构应根据普惠金融的特点,开发适合不同群体的金融产品和服务,如小额贷款、农村金融、社区银行等。通过简化审批流程、降低融资门槛,提升金融服务的可获得性。推动政府与金融机构合作,设立普惠金融专项基金,提供财政支持和风险补偿,降低普惠金融的运营成本。加强金融教育和宣传,提高普惠金融服务的知晓度和接受度,增强公众的金融素养。利用金融科技手段,提升普惠金融服务的效率和覆盖面,如通过移动支付、互联网金融等方式,提供便捷的金融服务。通过这些措施,可以有效扩大金融服务的覆盖面,提升普惠金融的服务能力,促进社会公平和经济发展。

第四,推动养老金融提高养老基金管理和投资效率。推动养老金融是应对人口老龄化的重要手段。金融机构应开发多样化的养老金融产品,如养老保险、养老理财、长期护理保险等,为老年人提供全方位的金融服务。通过设立专业的养老金融部门,提供专业的咨询和管理服务,提升养老基金的管理和投资效率。推动政府与金融机构合作,设立养老基金,吸引社会资本参与养老产业,扩大养老金融的资金来源。加强养老金融的政策支持,如税收优惠、财政补贴等,降低养老金融产品的成本,提高其吸引力。通过金融科技手段,提升养老金融服务的便利性和安全性,如通过智能投顾、区块链等技术,提供个性化的养老金融服务。加强养老金融的信息披露和监管,确保养老基金的安全和透明。通过这些措施,可以有效提升养老金融的服务能力,为老年人提供更加全面和优质的金融服务。

第五,推动数字金融提升金融服务效率和安全性。推动数字金融是提升金融服务效率和安全性的关键。金融机构应充分利用数字技术,如大数据、人工智能、区块链等,开发创新的数字金融产品和服务,提升金融服务的效率和便捷性。通过数字金融手段,优化金融服务流程,降低运营成本,提升客户体验。推动政府与金融机构合作,建设数字金融基础设施,如数字支付系统、数字身份认证系统等,提升金融服务的安全性和可靠性。加强数字金融的政策支持和监管,确保数字金融的合规和安全,防范金融风险。通过金融科技手段,提升金融服务的智能化和个性化水平,如通过智能投顾、机器人客服等,提供更加精准和高效的金融服务。加强数字金融的教育和宣传,提高公众对数字金融的认知和接受度,增强其使用意愿。通过这些措施,可以有效推动数字金融的发展,提升金融服务的效率和安全性,为经济的数字化转型提供有力支持。

三、稳步推进资本市场高水平开放

高水平开放是完善的资本市场的应有之义。党的二十届三中全会明确指出,要"稳步扩大制度型开放……有序扩大我国商品市场、服务市场、资本市场、劳务市场等对外开放"[①]。近年来,我国资本市场的对外开放步伐不断推进,外商直接投资和对外直接投资规模均不断扩大,但在制度型开放、全球竞争力、外资吸引力等方面仍有待持续提升。为此,应进一步稳步推进资本市场高水平开放,为高水平社会主义市场经济体制提供有力支撑。

第一,深化金融市场对外开放,加强国际合作。深化金融市场对外开放是优化资本市场的重要举措,通过吸引国际资本以及引进先进的监管经验和标准,可以提升国内金融市场的竞争力和稳定性。开放金融市场,放宽外资准入门槛,吸引更多国际资本进入中国市场,增强市场流动性和多样性。同时,加强与国际金融机构的合作,学习和引进国际先进的监管经验和标准,提升国内金融市场的监管水平和透明度。具体措施包括推动中外金融机构的合作,促进资本市场的国际化发展。例如,通过设立中外合资金融机构,开展跨境金融服务和产品创新,进一步开放金融服务领域。通过这些措施,可以有效提升中国资本市场的开放度和国际化水平,促进国内金融市场与国际市场的深度融合,增强市场的活力和竞争力。

第二,建设国际金融中心,提升中国资本市场全球竞争力。建设国际金融中心是提升中国资本市场全球竞争力的关键战略。应发展上海、深圳等地为国际金融中心,打造具备国际水准的金融服务平台,提升中国资本市场的全球影响力和竞争力。具体措施包括:完善金融基础设施,提升跨境投融资便利度,吸引全球金融机构和投资者进入中国市场;通过优化金融环境,提供优质的金融服务和政策支持,增强对国际资本的吸引力;推动金融服务的国际化,发展跨境金融业务,提升全球资源配置能力。例如,设立自由贸易区,实施金融开放创新政策,吸引国际金融机构在此设立分支机构,开展跨境金融服务。通过这些措施,可以将上海、深圳等地

---

① 中共中央关于进一步全面深化改革 推进中国式现代化的决定[EB/OL]. https://www.gov.cn/zhengce/202407/content_6963770.htm? sid_for_share=80113_2.

建设成为具有全球影响力的国际金融中心,提升中国资本市场在国际金融体系中的地位和竞争力。

第三,推动人民币国际化,吸引国际资本。推动人民币国际化是增强中国资本市场吸引力的重要路径。通过推动人民币在国际市场的使用,提升人民币的国际地位,吸引更多国际资本进入中国市场。具体措施包括:推进人民币资本项目开放,增强人民币资产的吸引力,例如,扩大人民币跨境使用范围,推动人民币在国际贸易和投资中的应用,建立人民币国际化的配套政策和基础设施;加强人民币国际化的政策支持,提供优惠政策和激励措施,鼓励国际投资者持有和使用人民币资产;通过与国际金融机构合作,推动以人民币计价的金融产品和服务在全球市场的发行和交易,提升人民币资产的流动性和可交易性。通过这些措施,可以有效推动人民币国际化,提升中国资本市场的国际吸引力和竞争力,促进国内金融市场的稳定和发展。

第四节 持续健全宏观经济治理体系

党的二十届三中全会明确指出,"科学的宏观调控、有效的政府治理是发挥社会主义市场经济体制优势的内在要求"[①]。新时代以来,我国经历了从宏观调控体系到宏观治理体系的理念转变,宏观治理能力不断提升,充分彰显了中国特色社会主义在国家调节经济方面的鲜明制度优势。然而,全面建成社会主义现代化强国的发展目标对我国宏观经济治理体系提出了更高的要求,如何进一步健全宏观经济治理体系、持续提升宏观经济治理效能是亟待深化探索的重要理论和实践命题。对此,应从治理主体、治理机制、治理手段等方面进行系统考量,构建"政党—政府—市场—人民"多元主体有机协调、"预研规划—政策实施—监督反馈—优化调整"传导机制畅通运行、"国际—宏观—中观—微观"政策手段协同发力的中国特色宏观经济治理体系。

---

① 中共中央关于进一步全面深化改革 推进中国式现代化的决定[EB/OL]. https://www.gov.cn/zhengce/202407/content_6963770.htm? sid_for_share=80113_2.

一、促进宏观经济治理主体有机协调

在传统的宏观治理逻辑下,政府是单一的治理主体,市场则是治理客体。但实践证明,这种单一的政府调控市场的宏观治理模式,常常面临治理程度、治理方式、治理效果等方面的困境。相比而言,我国采用了多元主体的宏观治理模式,从而真正实现了从单线索的"宏观调控"到多线索的"宏观治理"的思路转变。一是拓展了政府这一治理主体的内涵,将政府理解为政党领导下的政府,从而将政党这一主体维度纳入分析;二是突破了仅将市场视为治理客体的视角,辩证理解"市场通过优化资源配置助力宏观目标实现"以及"市场存在失灵和缺陷,为此需要予以引导和规范"这种主客体相统一的作用;三是将社会民众纳入治理主体之中,通过人民代表大会等通道使社会民众行使治理权利。这种多元主体的宏观治理模式是对传统宏观调控模式的拓展与超越,同时也是中国特色社会主义制度优越性和党的理论创新的集中体现。但不容忽视的是,目前我国宏观治理多元主体(即政党、政府、市场、人民等)的作用发挥程度仍远未充分,且主体之间存在边界不清、关系不明、联动不畅等问题。为此,亟待通过以下关键举措,着力增强多元治理主体的有效性和协调性。

第一,通过党的自我革新,更好发挥政党对政府和市场的引领和统筹作用。正如习近平总书记所强调的,"必须坚持党中央集中统一领导,发挥掌舵领航作用"[1],即通过党的领导来协调政府和市场的利益取向,确保宏观经济治理始终朝向更符合人民利益的方向,且在这一过程中通过党中央的前瞻性研判,充分统筹供给侧管理与需求侧管理、长期治理与短期调控、统一调控与区间调控等宏观治理布局,实现"从系统论出发优化经济治理方式,加强全局观念,在多重目标中寻求动态平衡"[2]。然而,以上作用的有效发挥,依托于政党足够的领导能力、资源动员能力以及制度研判能力,这就要求持续加强党的自我革新能力,相关举措包括:通过创新干部选拔机制、优化基层组织建设等,保障党的自我革新的人才基础;通过加强党员尤其领导干部的理论学习、注重理论学习与工作实践的有机融合等,夯实党的自我革新的理论基础;通过细化党规党纪、利用数字技术进行精准监督等,增强党的

---

[1] 中央经济工作会议在北京举行 习近平李克强作重要讲话[N]. 人民日报,2018-12-22.
[2] 中央经济工作会议在北京举行 习近平李克强作重要讲话[N]. 人民日报,2019-12-13.

自我革新的纪律基础。

第二，通过优化法律规范，进一步明确政府的权责范围并理顺各级政府的关系。政党是宏观经济治理的引领主体和统筹主体，政府则是宏观经济治理的直接实施主体，为此科学有效的政府角色是提升宏观经济治理成效的关键所在。对此，一是要将理论与实践相结合，不断明晰政府的权责范围和功能界限，并设立中央、地方等不同层次政府的权责清单，避免由于界限不清、归属不明而导致的政府过度干预或政府不作为；二是要理顺中央与地方之间、地方政府之间的相互关系，不断优化和规范从中央政府到地方政府的"自上而下"政策传达、从地方政府到中央政府的"自下而上"政策反馈或先行先试，以及不同层级地方政府之间协同与联动等过程的实施流程。要做到以上两点，一方面，需要前文所述的政党的统筹和引领作用，以协同中央政府和各级地方政府的政策方向；另一方面，则必须通过优化法律法规的方式，确保以上关系明晰化、规范化、精准化，同时注重相关法律内容的动态性和适时性。

第三，通过激活国有企业，辩证优化市场在宏观经济治理中的主体和客体作用。突破市场在宏观经济治理中单一客体角色的关键在于，激活国有企业在市场运行中的引导、示范和整合作用。一是引导作用，即发挥国有企业的技术和制度策源功能，通过"提出技术和制度创新需求—调节民营企业创新驱动—引领行业技术与制度改革"这一作用逻辑，拓展自下而上的宏观治理路径；二是示范作用，即通过率先进行符合国家宏观战略要求的改革举措，为民营企业提供先行先试的参照，逐步形成跟随效应；三是整合作用，即成为多方市场主体、多方要素资源的统筹主体，通过搭建数字平台、牵头开展合作等方式，提升市场配置效率，服务国家宏观战略目标。当然，以上作用的有效发挥，必须建立在对国有企业和国有资产的深化改革和分类探索基础之上，以协同"国有资产保值增值"和"国有企业引导示范"的双重目标。

第四，通过增强媒体作用，着力提升社会公众参与宏观经济治理的机会和能力。中国特色宏观经济治理的关键在于为人民利益而治理，人民利益既是治理实施的出发点和落脚点，也是治理效果的评判依据。尽管党的领导有助于保证宏观经济治理的人民利益导向，但如若人民的愿望与需求无法被充分识别，则仍有可能发生治理偏差与效果扭曲。为此，一方面，应增加社会公众参与宏观经济治理的机会，通过定期召开座谈会、听证会、调研会以及设置网络意见反馈渠道等，及时掌握和甄别人民的真实需求；另一方面，也要提升社会公众参与宏观经济治理的能力，即增强宏观政策的透明度、传播度和解释度,让人民能够了解宏观政策出台的背景和目的,从而更好提出宏观经济治理建议。要做到这一点,必须进一步加强数字时代融媒体的积极作用,即通过创新官方媒体形式、激活网络自媒体作用、加强数字媒体监管等,引导社会公众了解、关心并主动参与到宏观经济治理之中。

二、加快完善国家战略制定和实施机制

治理主体要切实发挥宏观经济治理作用,需要依托于一整套宏观治理的传导和运行机制。不同于西方国家单一主体和单一目标下的单向治理机制,即政府根据市场失灵的具体表现制定针对性的调控政策,我国的宏观经济治理不仅如前所述具有多元主体,而且也具有多重目标,为此衔接于主体和目标之间的作用和传导机制也是多向路、多层次的系统机制。新时代以来,我国在优化宏观治理机制方面取得了诸多理论创新,提出要构建囊括"目标体系、政策体系、决策协调体系、监督考评体系和保障体系"等在内的"有效协调的宏观调控新机制"[1],并在党的二十届三中全会上明确强调要"完善国家战略规划体系和政策统筹协调机制"[2]。但从宏观经济治理的实践来看,目前仍存在短期政策长期化、政策落地扭曲化、政策调整滞后化等问题,亟待进一步优化和畅通宏观经济治理机制。对此,至少应加快优化如下四个基本环节:

首先,在预研规划环节,形成兼具"统一性与灵活性""战略性与操作性"的宏观经济治理方案。预研究和规划是宏观经济治理机制运行的关键环节,其重要性在当前进入新发展阶段和推进中国式现代化目标下变得越发重要。但预研规划环节容易陷入两种极端状态:一种是规划过于死板和激进,缺乏灵活性;另一种则是规划过于宽泛,缺乏操作性。这便要求加快提升政党和政府的预研规划能力,即通过优化领导干部的培育和选拔制度,更好整合"政产学研金服用"多领域人才资源,充分运用大数据、人工智能、云计算新技术手段,完善决策制定的酝酿与论证流程等,持续提升政党和政府的决策能力,从而形成长期战略与短期政策相匹配、区间调控与定向调控相结合、顺周期调节与逆周期调节相配合的,兼具"统一性与灵活性"

---

[1] 中共中央 国务院关于新时代加快完善社会主义市场经济体制的意见[EB/OL]. https://www.gov.cn/xinwen/2020-05/18/content_5512696.htm.

[2] 中共中央关于进一步全面深化改革 推进中国式现代化的决定[EB/OL]. https://www.gov.cn/zhengce/202407/content_6963770.htm?sid_for_share=80113_2.

"战略性与操作性"的宏观经济治理方案。

其次,在政策传导环节,构建以数字政务平台为节点的"网络型"宏观经济政策制定与执行流程。预研究和规划所形成的宏观经济治理方案仅是观念中的制度,要使其转变为实际的生产关系,还需中央和地方政府以及行政机构实施有效的政策传导,包括细化政策的出台、权责指令的下发、政策的实践和落实等。这一过程存在两种可能的传导路径:一是层级模式,即自上而下的科层式传导,但从理论和实践中均会发现,其存在信息损失、影响力成本、监督成本等效率损失,使得政策效果常常出现扭曲;二是扁平模式,即将政策任务进行平行拆解,分别由不同部门和组织进行负责与实施,但这种模式容易导致政策之间缺乏配合、权责出现模糊地带等问题。为此,将层级模式与扁平模式进行优势整合,探索以数字平台为中心节点的"网络模式"是一个可行方案,即依托政党的统筹引领作用以及数字平台的跨时空信息资源整合作用,通过搭建不同层次的数字政务平台来辅助政策传导过程。这一模式在拆解政策任务的同时,也保证了政党和中央政府对宏观经济治理方案的把控力,以及不同政策分工的协同性,使得政策出台、下发、实施的过程更有效率。

再次,在监督反馈环节,实现"全过程""即时性""多渠道"的政策实施监督和政策效果反馈。宏观经济治理方案的确立以及政策的传导与实施,仅是宏观经济治理机制的一条线索,要确保治理的有效性,还需进一步完善与之并行的监督和反馈环节。对此,传统的事后监督和反馈模式由于其滞后性、信息不对称性等问题已不再适应时代需求,亟待形成"全过程""即时性""多渠道"的政策监督反馈机制。一是全过程监督,即对治理方案规划以及政策传导实施的全过程进行监督,以约束由于人的因素而出现的政策扭曲问题,具体举措包括在全过程中设置若干关键节点、依托数字技术实时获取实施数据、对实施结果进行动态模拟与预测等。二是即时性反馈,即在全过程监督的同时,通过即时的数据采集、数据分析以及智能风险预警等,同步识别影响政策实施成效的、未预期到的风险和因素,并及时进行信息反馈。三是多渠道结合,单一的监督和反馈渠道容易滋生寻租等问题,且容错空间较小,为此以上全过程监督和即时性反馈应拓展多元渠道,并借助区块链等技术手段增强信息对称,尤其要开通和畅通社会公众参与监督和反馈的通道。

最后,在优化调整环节,探索"问题识别精准""应对策略及时"的宏观经济政策相机调整机制。监督和反馈仅是手段,基于监督反馈环节出现的问题进行及时的政策优化和策略调整才是目的。从经济实践来看,政策的优化调整往往具有一定的滞后性和补救性,为此调整成本也相对较大,这一方面是由于前述所讨论的监督反馈环节的缺陷,另一方面也缘于优化调整环节自身的有效性和科学性有待提升。对此,亟待从以下两个关键维度进行强化:一是加快提升对政策传导实施过程中出现的扭曲现象的问题精准识别能力,即依托专家团队以及大数据、人工智能等新技术手段,快速对政策扭曲进行作用路径追溯和行为数据分析,从而在即时性反馈后高效找出关键问题;二是在问题识别基础上,较为及时地制定应对策略,并对策略效果进行模拟评估,这一点与前述所论证的"预研规划环节"密不可分,要求预研和规划制定时应纳入应对策略的预案和考量,同时预留政策的相机调整空间。

显然,以上四个基本环节并非割裂,而是有着密切的相互依存、相互支撑作用。其中,预研规划环节发挥统领作用,应将后续各环节纳入顶层设计考量;政策传导环节是宏观经济治理的直接实践过程,其他环节均应服务于其有效展开;监督反馈环节是保证宏观经济治理方案贯彻执行的重要约束力,对于宏观经济治理成效具有关键性影响;优化调整环节则一方面是前三个环节的结果,另一方面又是新一轮循环的开端。可见,唯有以上四个基本环节保持一定的同步并行和有效的继起衔接,方能实现宏观经济治理机制的畅通性、连续性和可持续性。

三、着力增强宏观政策取向一致性

上述宏观经济治理主体的作用以及宏观经济治理机制的运行,归根结底需要借助一定的政策手段才能切实执行。传统的宏观经济调控政策手段主要是财政政策和货币政策,即凯恩斯主义的宏观调控逻辑,但在中国经济改革实践探索过程中,这种单一政策手段的局限性越发凸显,采用与多元宏观治理目标相匹配的多元政策手段组合成为必然趋势。对此,我国经历了从"两大核心政策"到"五大政策支柱"再到"七大政策"的发展演变过程,形成了包含宏观政策、产业政策、微观政策、改革政策、社会政策、科技政策、区域政策等在内的政策工具体系,实现了宏观经济治理政策手段的突破与超越。而如何进一步"增强宏观政策取向一致性"[1]从而更好发挥这些政策工具组合的宏观经济治理成效,是当下及未来一段时间需要进一步探讨的理论和实践命题。本研究认为,至少应从以下四个方面进行优化提升:

---

[1] 中国共产党第二十届中央委员会第三次全体会议公报[EB/OL]. https://www.gov.cn/yaowen/liebiao/202407/content_6963409.htm.

一是进一步厘清和拓展政策维度,完善宏观经济治理政策系统框架。尽管宏观政策、产业政策、微观政策、改革政策、社会政策、科技政策、区域政策七大政策已经对宏观经济治理的政策维度进行了极为丰富的拓展,但这些政策之间的逻辑关系仍有待进一步厘清。从政策旨在发挥作用的核心层次来看,这七大政策可进一步归纳和提炼为三个基本维度,即宏观维度、中观维度和微观维度。其中,宏观政策和社会政策主要对应宏观维度,产业政策和区域政策主要对应中观维度,微观政策和科技政策主要对应微观维度,而改革政策则具有较为广泛的内涵,可以贯穿宏观、中观和微观三个层面。在此基础上,考虑到当前国际经济局势持续动荡变化、国际经济环境日益复杂多变,还应进一步将对外政策纳入宏观经济治理政策维度之中,统筹开放经济条件下的发展与安全,从而形成"国际—宏观—中观—微观"四位一体的宏观经济治理政策维度。这一宏观经济治理政策维度的确立,不仅能够更加清晰地展示政策之间的逻辑关系,而且也为后续进一步拓展政策手段提供了基本框架。

二是进一步细化政策工具关系图谱,提升政策手段之间的配套协同。"国际—宏观—中观—微观"四位一体的政策维度为宏观经济治理政策搭建了一个分析框架,而宏观经济治理实践还需借助具体的政策工具和政策手段方能实现。改革开放尤其新时代以来,我国已探索形成了丰富多元的政策工具箱,但对这些政策工具的有机组合和有效使用仍存在提升空间。对此,一个关键环节在于,要进一步细化政策工具关系图谱,即明确每个政策维度的具体政策工具清单,厘清同一政策工具对于不同政策维度的多重作用以及不同政策工具相互叠加的作用效果,从而形成包含政策维度、政策工具、政策目标等元素在内的逻辑关系图谱。其功能在于,一方面能够较快得出达到某一政策目标所需的政策工具组合,另一方面也能够明晰已实施政策的逻辑布局,从而识别政策短板和无效政策。

三是进一步拓展和创新具体政策工具,增强重点领域政策手段有效性。即结合现实经济问题,有针对性地进行政策工具创新,尤其是对财税金融重点改革领域政策工具包的完善。对于财税方面地方债务负担较重的问题,需在完善财政转移支付机制的基础上,设计下移税收归属权、扩大地方税基、培育地方税种等相关政策,实现中央地方税负的财事权再平衡;对于金融方面股市行情不稳定、资本市场潜在风险大的问题,需要完善股票发行制度,发展多元化的股权融资,并构建有效的金融科技风险防控体系,监管机构应提前布局数据基础设施建设和数据治理方案,利用云端平台和AI模型等前沿技术及时、精准地完成具有一定前瞻性的风险报告,推动资本市场秩序的规范化。

四是进一步加强政策效果模拟评估,切实提高政策手段效果精准性。宏观经济治理政策的实施过程涉及多元主体、多元因素,其实施效果往往难以通过简单的逻辑推演和理论推导而得出,因此常常导致政策实施落地效果与预期目标偏离甚至背道而驰的情况。而人工智能、大数据、区块链等新兴数字技术的快速发展为解决这一问题提供了新的可能,即可通过搜集大量经济活动数据以及构建政策效果评估的复杂算法大模型,对政策工具组合实施带来的影响进行模拟与测评,从而对与预期目标不一致的政策工具组合进行调整与优化。要做到这一点,算法、算力、数据、逻辑、人才这五方面支撑缺一不可,即要构建能够分析宏观治理政策评估这一复杂问题的算法大模型,要拥有能够承担大量复杂运算的算力基础,要掌握大量能够反映多元主体行为模式的真实经济活动数据,要明晰各种政策工具发挥作用的逻辑关系(即前文阐述的政策工具关系图谱),以及归根结底要有一批掌握数字技术和宏观政策理论的高水平人才。

第五节　建设更高水平开放型经济新体制

坚持改革与开放是中国经济取得当前瞩目发展成就的重要经验之一,正如习近平总书记所强调的,"改革开放是当代中国最鲜明的特色","是决定当代中国命运的关键抉择,是党和人民事业大踏步赶上时代的重要法宝"。[①] 新时代以来,面对国内经济亟待转型升级、国际经济日益复杂多变的大背景,我国适时提出"以国内大循环为主体、国内国际双循环相互促进"的新发展格局战略思想,为经济开放提供了新的路径指引。新发展格局的提出,并非意味着要减少对外开放,相反,其对经济开放提出了更高的要求。正如党的二十届三中全会所指出的,"必须坚持对外开放基本国策,坚持以开放促改革,依托我国超大规模市场优势,在扩大国际合作中提升开放能力,建设更高水平开放型经济新体制"[②]。这便要求我国经济开放应遵循新理念和新原则,并以体制机制改革推进"高质量引进来"和"高水平走出去"。

---

① 习近平在庆祝中国共产党成立 95 周年大会上的讲话[N].人民日报,2016—07—02.
② 中共中央关于进一步全面深化改革 推进中国式现代化的决定[EB/OL]. https://www.gov.cn/zhengce/202407/content_6963770.htm? sid_for_share=80113_2.

一、明晰高水平对外开放的基本原则

改革开放以来,我国根据不同时期社会主要矛盾的变化,采用了不同的经济开放原则,经历了从初期的"进口替代"与"出口导向"相结合,到后续的"全方位""宽领域""多层次"开放格局,再到新时代以来的"全面开放新格局""高水平对外开放""人类命运共同体"的演变过程。近年来,中美贸易摩擦、俄乌冲突、巴以冲突等加速了国际经济秩序的动荡变化,且我国已迈向全面建设社会主义现代化强国新征程,这意味着,我国的经济开放原则也应随之进行侧重点的转变,进一步突出共赢开放、分级开放、安全开放等基本原则。

第一,以主动式共赢、对半式共赢、战略式共赢为着力点,更好践行共赢开放的核心原则。互利共赢一直都是我国对外开放的基本主张,在新的时代条件下,共赢开放应进一步强调以下具体内涵:(1)主动式共赢而非被动式,在西方国家频频实施破坏国际经贸规则举动的国际背景下,我国应采取更加主动的开放策略,以更积极的态度参与国际经济制度和规则的研究、制定和落实,引领推动从零和博弈国际经济旧秩序向互利共赢国际经济新秩序的转变;(2)对半式共赢而非偏颇式,互利共赢不能仅停留在理念和制度层面,而应切实体现在国际利益分配即国际价值链上,对此应以对半式共赢为基本原则,既摆脱我国在部分领域仍处于国际价值链中低端的现状,也不走西方式现代化的国际霸权垄断和"赢者通吃"的路子;(3)战略式共赢而非短期式,即不仅要考虑国际经济活动的当下利益和短期利益,还应注重布局长远利益和持续利益,如通过援建资助、战略合作、优势互补等方式,为部分发展中国家提供要素和技术支持,同时培育和拓展我国的全球贸易合作伙伴网络。

第二,以程度分级、策略分级、关系分级为基本内容,更好贯彻分级开放的重要原则。我国改革开放的实践证明,经济开放不能一刀切、激进化,而应根据不同行业、不同区域、不同时代进行分级分类考量。这一点在当前国际经济复杂动荡的条件下变得越发重要,必须将理论与实践相结合,进一步厘清分级开放的基本内容。主要包括:(1)开放程度的分级,即应根据行业特征、国家战略、国际形势等因素,科学谋划全面开放、局部开放和外资管制的经济领域,并对不同开放程度的经济活动采取不同的细化管理方案;(2)开放策略的分级,即应借助大数据、人工智能等新技术手段,系统评估不同开放策略的经济影响,在保持"高水平对外开放"基本立场不变的条件下,相机考量不同领域是采用对等开放还是单边开放;(3)开放关系的分级,即应综合考虑国家间互利互惠度、贸易紧密度、地缘政治关系等因素,并充分研判国际经济格局的当下形势和未来走势,据此对外交关系和伙伴关系的级别设定和政策设置进行动态优化。

第三,以能源安全、金融安全、数字安全为战略重点,更好落实安全开放的关键原则。当前,我国正处在迈向全面建设社会主义现代化强国新征程的重要转折时期,国家发展的安全与稳定至关重要,为此,必须将安全开放置于更加重要的战略位置。以下列举部分较为关键的安全开放领域:(1)能源开放安全。能源是经济社会发展的重要动力,其开放必须更为谨慎,应通过环节细分,在允许或鼓励外资进入部分竞争性环节的同时,始终确保国家对关键能源和战略性能源的有效把控。(2)金融开放安全。"金融是国民经济的血脉"[①],但其虚拟性和风险性也成为经济安全的极大挑战。为此,应遵循底线思维、辩证思维和动态思维,通过设置金融开放风险警戒线、协同优化利用外资和管控外资的制度体系、动态调整金融开放策略等,统筹金融开放与安全。(3)数字开放安全。当前数字空间成为大国竞争的新场域,继而引发了新的开放安全问题。对此,应通过不断健全相关法律制度、探索构建数字开放管理平台、增强民众数字安全意识等,精准识别和有效防范数字领域经济开放带来的风险因素。

当然,以上所论证的共赢开放、分级开放和安全开放原则,均要建立在我国持续提升经济实力和军事实力的基础上,尤其是实体经济发展水平以及产业链供应链韧性,这是我国在对外开放问题上的根本底气。在此基础上,还需通过有效践行"高质量引进来"和"高水平走出去",方能使得以上原则在开放实践中贯彻落实。

二、以制度型开放牵引"高质量引进来"

改革开放以来,我国积极引进国外资金、技术、管理等先进要素,这对于我国较快实现经济赶超发挥了重要作用,但同时也引发了民族品牌大量被外资收购、房地产和资本市场泡沫增大、外资撤离带来经济冲击等风险因素。为此,在当前我国加快推动高质量发展、建设社会主义现代化强国的新背景下,如何更好实施"引进来"并使其服务于国家发展战略是一个重要问题。这要求既不能无限制引进外资,也不能一刀切式限制外资进入,而应遵循以上阐述的经济开放原则,通过制度型开

---

① 中央金融工作会议在北京举行[N].人民日报,2023—11—01.

放、多元政策支持、自贸区建设、分级分类管理等举措,实现高标准、高层次、新模式、新管理的"高质量引进来"。

第一,立足制度型开放,打造有利于吸引外资的高标准营商环境。"高质量引进来"建立在一定规模的"引进来"基础上,即要"巩固外贸外资基本盘"[①]。近年来,由于国内外多重因素,外资存在一定的撤离现象,给中国经济带来一定冲击和影响。为应对这一问题,必须通过制度型开放新举措,进一步打造有利于吸引外资的高标准营商环境,从而实现"稳存量"。具体而言:(1)应动态优化和有序推进外商投资准入前国民待遇加负面清单管理制度,明晰外商投资分类目录,为外资企业提供制度透明、信息对称的营商环境,从而形成投资的稳定预期;(2)应加快完善和统一落实政府权责清单制度,避免政府在部分领域的过度干预以及在部分领域的不作为,进一步激发市场机制本身的资源配置优化作用,提高国外资本进入中国的利益驱动;(3)应着力推进竞争性行业的规则、规制、管理、标准等与国际制度接轨,从而降低国外企业进入中国的规则转换成本,增强对外资的吸引力。

第二,依托多元政策支持,重点引进优质企业、高端人才、耐心资本等高层次国外资源。在保障外资"稳存量"的基础上,更为重要的是要进一步"提质量"。即不同于过去更加注重外资规模和数量的"引进来"模式,当前我国的"引进来"策略应更加注重外资的质量和水平,尤其是对我国实体经济和高质量发展的赋能作用。为此,应通过多元政策支持,包括税收优惠政策、配套补贴政策、服务保障政策、融媒体宣传政策等,重点引进新能源、人工智能、生物医药、生产性服务业等领域的优质国外企业,发挥其对国内相关行业的示范和竞争效应;定向引进有关光刻机、人工智能算法、新兴材料等"卡脖子"技术的高端国际人才,发挥其对重大突破性技术创新的加速和催化作用;注重吸引符合资质条件的境外耐心资本和长期资本进入中国,为具有较强创新潜力和成长空间的中小企业带来更多资金支持。

第三,以自贸区、自贸港等为载体,探索"引进来"的新模式和新路径。"高质量引进来"不仅在于量和质,更在于"新",即要积极探索"引进来"的新模式与新路径,为更好利用外资提供平台支持和连接窗口。对此,自贸区、自贸港、开放创新综合试验区、超大城市等均是重要的创新载体。具体而言:(1)应持续拓展已有自贸区、自贸港、开放创新综合试验区等的开放合作新形式,如规划成系列、分领域的国际会展和国际论坛,打造具有国际影响力和中国特色的品牌活动,为优质外资进入中

---

① 中央经济工作会议在北京举行[N].人民日报,2023-12-13.

国提供契机;(2)应探索和增设聚焦数字贸易、生产性服务业等新兴领域或短板领域的自贸区试点,从而为这些领域的中外合作创新提供平台;(3)应更好发挥超大城市在全球范围内的要素集聚和产品整合功能,持续优化国内外要素使用的结构,有效承担"高质量引进来"的重要连接窗口作用。

第四,对引进外资进行分级分类,持续提升精准管理和风险防控水平。如前所述,引进外资是一把"双刃剑",尤其是在当前国内经济亟待转型升级、国际经济局势复杂多变的大背景下,防范和规避引进外资的风险和挑战变得更为重要。因此,在实施以上"稳存量""提质量""扩增量"策略的同时,还要持续提升对外资的风险防控水平。对此,必须遵循分级分类的基本逻辑,对不同行业和领域的外资进行明晰化和精准化的管理。例如,对于关系到国家安全和国计民生的基础性、战略性行业,应禁止外资进入,并借助法律制度和大数据分析等手段,对外资禁入进行有效监管;对于具有较强支柱性和核心性的行业,应限制外资进入,并对部分进入的外资进行"全过程"管理和充分风险预案;对于一般的竞争性行业,应给予外资平等待遇,但必须设置预警机制,对风险因素进行及时识别;对于具有特定需要的行业,可通过政策鼓励外资进入,但同样要借助多元手段对相关风险因素进行监管和防范。

三、以外贸体制改革推动"高水平走出去"

新时代以来,以"一带一路"倡议为重要载体,我国"走出去"事业进入新阶段,截至2023年10月,已有150多个国家和30多个国际组织加入共建"一带一路"大家庭,中国与"一带一路"沿线国家货物贸易累计达9.2万亿美元。然而,在当前国际经济局势日益复杂动荡的大背景下,我国的"走出去"企业仍面临着全球投资环境不明朗、盈利空间日益挤压、政策支持和服务体系滞后等困境,亟待在新发展格局和高水平对外开放战略思想指引下,通过拓展新的对外贸易领域、构建新的对外贸易平台、增强系统配套制度保障等举措,扎实推动"高水平走出去"布局。

一是大力推进数字贸易、高端服务贸易、绿色贸易等新开放领域。近年来,传统货物贸易和服务贸易的国际市场空间已越发饱和,而与新兴数字技术相伴而生的数字贸易、高端服务贸易、绿色贸易等则显示出较大的发展空间,成为当前全球贸易竞争和合作的新领域,也成为我国推动"高水平走出去"的新机遇。对此,应发挥中国特色社会主义制度优势,通过顶层规划设计、国企国资示范引领、重点企业孵化培育等举措,加快推进新开放领域发展。具体而言:应聚焦数字贸易、高端服务贸易、绿色贸易等重点开放领域,通过科学研判国内外发展现状和未来趋势,构思这些领域"走出去"的前瞻性发展规划;应发挥国有企业的体量优势和海外项目合作基础,通过承包承建国外数字基础设施和新能源基建、数字技术和服务输出、开展国际合作研发项目等方式,为以上重点领域"走出去"提供示范引领;应聚焦以上重点领域孵化培育具有竞争优势的民营企业,并为其国际化发展提供良好制度环境。

二是积极搭建智能跨境电商、国际贸易资源整合平台等新开放平台。"一带一路"倡议、自贸区、区域贸易合作组织等开放平台为我国企业"走出去"提供了诸多渠道和机会。在新的条件下,要进一步推动"高水平走出去",需继续创新和探索能够为传统对外贸易赋能、为新兴对外贸易提速的新开放平台。对此,搭建智能跨境电商和国际贸易资源整合平台是有效举措。其中,智能跨境电商是指利用人工智能技术为产品展示、信息交流、数字支付、跨境物流、售后服务等跨境贸易板块提供一体化支持的电商平台,其不仅能够为传统对外贸易提供新的增长点,同时其自身便是数字贸易"走出去"的标志性体现;国际贸易资源整合平台则是为企业"走出去"所需的资金、人才、数据等资源提供跨时空整合和智能动态配置的服务平台,其有利于信息对称和优势互补,从而有助于提高我国企业的国际竞争实力。

三是持续加强财政、金融、服务、监管等开放保障机制。不论是数字贸易、高端服务贸易、绿色贸易等新开放领域的拓展,还是智能跨境电商、国际贸易资源整合平台等新开放平台的搭建,均需要充足的开放保障机制才能顺利开展。主要包括:(1)财政保障。通过设立培育项目、制定优惠财税政策等方式,对重点领域、重点企业的对外贸易活动进行财政激励与支持。(2)金融保障。由国企国资牵头成立对外投资和对外贸易专项基金,并鼓励商业银行探索出台针对"走出去"企业的融资产品和保险产品,从而为相关企业提供有力资金支持。(3)服务保障。当前我国企业"走出去"过程中仍面临行政审批流程不畅、相关服务保障机制不完善等问题,应通过优化制度流程、搭建外贸服务平台、拓展企业境外保护手段等方式,持续提升相关部分的服务能力和水平。(4)监管保障。在监管缺位的情况下,企业"走出去"的过程也可能成为损害国家利益的切入口,为此,应对"走出去"企业进行有效监管,尤其是对财政和金融支持项目进行"全过程"监管,并借助新兴技术手段,对虚假交易、资金非正常流动、国有资产违规操作等情况进行精准识别和及时应对。

第六章

上海构建高水平社会主义市场经济体制的总体要求和实践路径

党的十八大以来,上海在新起点上全面深化改革开放,持续推进"五个中心"联动发展、耦合共生、相互赋能,不断推动经济社会高质量发展,城市发展能级与核心竞争力大幅跃升。作为改革开放的排头兵、创新发展的先行者,上海在党中央、国务院的坚强领导和科学部署下,积极作为、勇于探索,推动了社会主义市场经济体制的不断完善和深化发展,形成了一系列构建高水平社会主义市场经济体制先行先试的宝贵经验。在社会主义现代化强国建设新征程上,上海作为龙头城市,要以建成高水平社会主义市场经济体制为目标,锐意进取、勇于创新,在推进中国式现代化的历史进程中更加发挥龙头带动和示范引领作用。

第一节 上海发展完善社会主义市场经济的探索与经验

上海作为改革开放的前沿阵地,在经济体制改革、企业创新发展、社会治理创新方面发挥着重要的龙头带动和示范引领作用。党的十八大以来,上海用好党中央赋予的现代化建设先行先试的政策制度,结合上海区域特征进一步深化改革,着力发展完善社会主义市场经济体制,在推进中国式现代化中先行先试和率先探索,形成了一系列重要经验,为我国建设高水平社会主义市场经济体制提供了启示和借鉴。

一、积极落实"两个毫不动摇",推动各类市场主体共同发展

激发各类市场主体活力,推动不同市场主体融合发展,是市场经济体制完善的首要前提。近年来,上海在推动国资国企综合改革的同时,不断完善民营经济高质量发展政策体系,积极探索混合所有制改革新模式,推动市场主体分层分类融合发展,形成了具有上海特色、先行先试的改革经验。

第一,更好发挥公有制经济的主体作用,探索建立"直接监管+委托监管+指导监管"国资监管体制。上海国资采取直接监管、委托监管、指导监管三种监管方式,对履行出资人职责的国资采取"直接监管为主、委托监管为辅"的方式,42家直接监管企业按照市场竞争、金融服务、功能保障三类企业实施分类监管。对科技教育、文化卫生、司法公安等特定领域国资,由市国资委委托相关委办局实行委托监管。区属国资国企注重加强市区两级联动,实行指导监管。搭建金融、运营和投资三个平台公司,初步形成"1+3+N"国资监管架构,加快深化上海市两类公司改革,配套出台改革国有资本授权经营体制实施方案,"金融投资+实体投资+资本运营"的格局正在形成。调整优化监管企业功能分类,同步开展分类改革、分类监管、分类考核,推动改革更加精准化。在建立线上线下服务大厅的基础上,进一步调整优化地方国有企业分类方式,通过明确监管事项,构建上海市国资监管大格局,形成国资监管"一盘棋"。

第二,致力于为非公有制经济提供良好的政策环境,建立"政会银企"四方合作机制,促进民营企业高质量发展。为解决民营企业融资难的问题,上海市工商联牵头,与上海市民政局、融资担保中心、行业协会商会、金融机构以及中小微企业建立了"政会银企"四方合作机制,着力打通金融惠企"最后一公里"。四方合作机制是一种新型的合作模式,它将政府、行业协会、银行和企业四方的力量结合起来,各自发挥优势,共同推动民营经济的发展。其中,政府可以提供政策支持和资源保障;行业协会可以提供行业信息和服务支持,特别是技术创新和标准制定,提高产品质量;银行可以提供融资支持和金融服务,帮助企业解决融资难题;企业可以提供技术和市场支持。"政会银企"工作机制已两次被写入上海市政府工作报告。同时探索建立政企互动、市区联动、商会协同的"民营经济圆桌会",推动破解民营企业的急难愁盼问题。每年定期开展"民营企业高质量发展服务月",为民营企业提供全方位、多层次、精准化的支持。提升"政会银企"服务能级,会同各大金融机构组织

银企对接活动,联手推出特色金融服务包,助力无缝续贷和首贷户数量提升。

第三,以混合所有制改革为抓手,切实增强公有制与非公有制经济共同发展的活力,积极探索构建证券化、多元化、市场化的"三层主体"混改新格局。以公众公司为发展混合所有制的主要实现形式,充分利用多地域、多层次资本市场,实现投资主体多元化、经营机制市场化,提高国有资本证券化水平。上海不断深化混合所有制改革,实现各种所有制资本取长补短、相互促进、共同发展,加快推进企业集团整体上市或核心业务资产上市,实施专业化整合、市场化重组,在产业链供应链中发挥引领和组织作用。通过 IPO、借壳、重组、分拆等方式,推动了一批企业整体上市或核心业务资产上市,已基本形成以混合所有制经济为主的发展格局。构建完成以国有控股混合所有制企业为主体、混合所有制企业中以上市公司为主体、上市公司中以整体上市或核心业务资产上市的企业为主体的"三层主体"格局,充分利用资本市场,实现资本配置格局优化、资本配置效率提升。支持和引导国有股东持股比例较高的国有控股上市公司,引入战略投资者作为重要积极股东参与公司治理,实施"二次混改"。积极完善长效激励约束机制,加快健全市场化经营机制。

二、探索高标准开放型市场体系,优化各类要素市场化配置

建设高标准的市场体系,形成产品市场与要素市场一体化运行机制,是市场经济体制完善的基础内容。近年来,上海立足国家发展战略,结合区域特质和优势,在各类要素市场化配置、开放型市场体系建设等重点领域积极探索、率先实践。

第一,探索构建"充分流动、安全有序"的新型跨境数据交易市场。上海通过建设数据要素开放共享管理体制,探索建立数据要素流通和交易体系,实现跨境数据安全流动先行先试。对此,上海数据交易所启动国际板,是国内首家开设国际板的数据交易机构,同时对标新型国际数字贸易交易规则和国际数据枢纽城市,探索创建国际数据合作功能性数据设施、开放中立的新型海底光缆登陆站等新型基础设施。释放数据要素的市场化与资产化价值,以"利益牵引、法律规制"为基本路径,促进政府公共数据开放共享;协助全市重点工商企业进行数据的全面采集、融合应用和共享流通。率先构建安全、开放的跨境数据流动体系,全面梳理数据跨境突破现行规制的"瓶颈"和空白,推进国家综合授权;制定临港新片区行业数据出入境负面清单,加快建设国际互联网交换中心与通道和数据自由港特区。探索数据资源持有权、数据加工使用权、数据产品经营权等分置的产权运行机制。

第二,探索构建"离岸+近岸+内陆"的开放型资本要素市场。上海自贸区临港新片区的开放特色是重点打造中国内陆离岸金融、贸易和投资市场,创设自由贸易账户体系,开展跨境贸易投资高水平开放外汇管理改革试点。通过"离岸带动近岸、近岸带动长三角、长三角带动全国",发挥"在岸—离岸—跨境"的资金融通优势和"离岸—在岸—长三角—全国"的影响辐射优势,形成开放型统一市场新模式。通过以人民币离岸产品为主线开拓发展金融基础产品,推动以人民币定价的离岸金融衍生品市场发展,建立全业务、多层次的离岸金融市场。通过设立综合性国际金融资产交易所,试点人民币股票国际板,探索建立信贷及绿色金融资产交易平台。对标国际金融中心建设目标,加快打造"国际金融资产交易平台"。深入推进全球金融科技中心建设,持续赋能金融产品、业务和服务,更好满足实体经济发展需要。2020年,上海基本建成了与我国经济实力和人民币国际地位相适应的国际金融中心,当前正迈向全面提升能级阶段。

第三,探索构建"服务规范、配置高效"的现代化技术要素市场。上海以公共资源"一网交易"改革为突破口,积极探索推动上海联合产权交易所向全要素、多领域资源配置与流转平台升级,提升技术交易所功能。探索科技成果市场化评价方法和估值体系,结合自身功能定位与特点,形成多元化科技成果市场交易定价办法,积极开展科技成果市场化评价。通过技术性、市场性、法律性、交易性、投资性等维度,对科技成果进行分析判断与合理估值。探索通过数字化评估工具提高撮合效率、通过司法保护降低买卖的决策成本、通过金融工具降低买卖的资金成本等,可以实现成果转化的时间短、配比多、概率高,降低成果转化的制度性成本。完善技术要素转化增值配置方式,完善科技创新资源配置方式,建立技术要素交易市场体系,建立多层次的国际合作网络。以企业为主体、市场为导向,以产学研用深度融合为目标,通过"聚资源、联机构、育队伍、融资本、办展会、孵项目、集成商"的模式,探索打造高标准、全链条的市场化、生态化技术要素市场。上海率先形成技术成果集散区域性枢纽,推动金融资本与技术研发融合,培育本土专业技术经纪人队伍。

第四,对接国际高标准经贸规则,探索打造"国家制度型开放示范区"。自2013年设立自贸区以来,上海自贸试验区建设已经积累了先行先试的有利条件。10多年来,上海聚焦投资管理、贸易便利、金融创新、政府职能转变四大领域攻坚突破,已经基本建立了与国际经贸规则相衔接的制度体系。比如,在投资管理方面,发布了我国首份外商投资准入负面清单,率先实施外商投资备案管理制度;在贸易便利方面,建成了我国首个国际贸易"单一窗口",高标准建设全国唯一的洋山特殊综合保税区。在国家层面复制推广的302项自贸试验区制度创新成果中,有145项源自上海首创或同步进行了先行先试。2023年12月,国务院印发《全面对接国际高标准经贸规则推进中国(上海)自由贸易试验区高水平制度型开放总体方案》,聚焦7个方面,提出80条措施,主动全面对接高标准规则,进一步加大压力测试力度,深化国内相关领域改革,推进高水平制度型开放。上海始终坚持把落实国家重大战略任务作为工作的重中之重,聚焦扩大高水平制度型开放,提高要素跨境流动效率,营造一流对外开放环境,为我国扩大高水平对外开放、加快构建新发展格局、扎实推进中国式现代化提供更多上海的实践支撑。

三、创新政府经济治理思路,发展完善法治化的营商环境体系

更好发挥政府作用,推动政府治理能力现代化,是完善社会主义市场经济体制的重要内容。近年来,上海在浦东新区综合改革和自贸区建设过程中,积极探索建立金融监管和投资管理制度体系、政府经济治理体系,不断完善法治化营商环境等,形成了具有上海特色的经验。

第一,以"立法试验田"先行先试社会主义市场经济法治化营商环境。上海用足用好中央授予浦东立法权的政策,浦东"立法试验田"改革效能得到充分释放,与浦东大胆试、大胆闯、自主改相适应的法治保障体系逐步完善,推动上海先行先试法治化营商环境。通过深化拓展"一业一证"改革,提高市场准入准营便利度;通过优化企业退出机制,实现市场资源高效配置;通过迭代升级和推广"企业办事一本通",实现数据互联互通;通过在公共设施服务、劳动就业、金融服务、国际贸易、纳税等方面优化服务流程,实现各类所有制企业优势互补、协同发展、公平竞争。坚持系统集成、持续迭代升级,以市场化为鲜明主线、法治化为基础保障、国际化为重要标准,为更好地服务上海"五个中心"建设和城市核心功能提升,持续打造贸易投资便利、行政效率高效、政务服务规范、法治体系完善的国际一流营商环境。

第二,探索建立以"两张网"为载体的政府经济治理体系。上海围绕构建"有效市场、有为政府"的市场经济体制,以科学化、精细化、智能化为发展方向,以"两张网"建设为载体,深入推进简政放权、放管结合、优化政务服务改革,积极探索超大城市治理新路。对标国际最高标准、最高水平,围绕政府审批更简、监管更强、服务更优的目标,推动营商环境优化改革从单纯的程序性减环节、降成本,向多元化服务型制度供给转变,有力地推动了政府职能转变。以政务服务"一网通办"、城市运

行"一网统管"为抓手,率先推动政府治理模式、治理体系的颠覆性变革,发挥改革聚力、科技支撑、数据赋能优势,推动超大城市治理现代化。

第三,探索建立"服务实体"的现代金融监管制度体系。金融领域的改革和实验,是支持上海自贸区发展的重要力量。上海率先建立了自贸区金融监管制度体系,包括市场准入、特殊业务授权、统计风险监测等,将区内金融机构的相关准入事项由事前审批改为事后报告,推出市场准入报告清单,建立健全自贸区事中、事后监管工具箱,构建自贸区特色报表监测制度。金融开放创新持续深化,本外币一体化运作的自由贸易账户功能进一步拓展。创设"创新监管互动机制",共建"科技金融创新试验基地",提升自贸区金融服务实体经济的能力。上海以加快建设金融强国为目标,以提升上海国际金融中心能级为己任,全面强化"五大监管",努力提升监管的整体性、前瞻性、精准性、有效性和协同性,以"五性"的标准检验"五大监管"的效能。

第四,探索"央地协同＋区域协同"金融风险防范化解机制。上海还充分发挥金融审判专业优势和金融要素市场集聚优势,协同推进金融风险防控。上海金融法院作为发起方,联合人民银行上海总部、原上海银保监局、上海证监局等十家承担金融监管和自律管理职能的机构,共同签署了《金融司法与金融监管防范化解金融风险协同机制》。该协同机制明确了"五联"常态化工作机制,通过常态化、多层次协同,全面强化区域金融司法与监管协作,提升区域金融治理法治化、专业化水平。这一协同机制的建立,是上海率先探索运用司法手段防范化解金融风险、推进金融综合治理的又一次生动实践。在强化央地协同与区域协同的双轮驱动下,上海正加快构建横向到边、纵向到底、协同高效的现代金融监管格局,为构建现代金融监管体系贡献了"上海经验"。

第五,探索完善投资项目"三个清单"管理制度新模式。上海通过深化投资审批制度改革,在临港新片区试点投资项目承诺制。推动基础设施投融资模式创新,稳妥推进基础设施"REITs"试点,优化资源配置,盘活存量资产。进一步健全政府债务管理制度,完善规范政府债务管理,依法构建规范、安全、高效的地方政府举债融资机制,有效发挥政府债券的积极作用,坚决防范化解风险,增强财政可持续性。完善政府债券发行管理机制,推动市区两级加强地方政府债券项目储备,逐步建立滚动接续的项目准备工作机制。

第二节　上海构建高水平社会主义市场经济体制面临的问题

党的二十届三中全会绘就了进一步全面深化改革的全景图，为推进中国式现代化提供了根本动力，为推进国家治理体系和治理能力现代化指明了战略方向，明确了新征程上稳大局、应变局、开新局的重要抓手。但是，就目前而言，上海构建高水平社会主义市场经济体制目标依然面临问题、存在差距，亟待改善。

一、市场经营主体活力有待进一步激活

如何正确认识和处理国有经济、民营经济和外资经济问题，是市场经济的重要议题。我国从计划经济体制到社会主义市场经济体制的转变过程，上海作为社会主义市场经济体制的先行者和示范者，在国有、民营和外资经济方面一直贡献实践经验。但是，就构建高水平社会主义市场经济体制目标而言，上海在国有、民营和外资经济问题上还有一些不足。

第一，国有经济原有桎梏无法实现高质量发展。（1）国有经济创新动力方面存在不足。尽管拥有庞大的经济体量，但上海部分国有企业创新活力不足，对科研人才吸引力减弱，与一些民营企业在创新领域的竞争优势相比显得乏力。这限制了国有经济在新技术、新产业领域的突破和发展。（2）国有经济市场响应速度有待提升。在快速变化的市场环境中，一些国有企业往往因决策流程复杂、市场敏感度不高等原因，难以迅速适应市场变化，错失发展良机。这在一定程度上影响了国有经济的竞争力和市场地位。（3）国有经济资源配置效率方面有待提高。上海部分国有企业存在资源利用效率不高、成本控制不严等问题，导致经济效益未能充分发挥。这不仅影响企业自身的发展，也对整个国有经济的运行效率产生不利影响。针对这些问题，上海需要进一步深化国企改革，完善创新激励机制，提高市场响应速度，优化资源配置效率，以推动国有经济持续健康发展，更好地发挥其在城市经济中的引领和支撑作用。

第二，民营经济数量与质量相对落后。（1）民营经济中的龙头企业数量相对不足，企业间业绩差距显著。尽管有不少上海民营企业实现了快速发展，但整体而言，能够引领行业潮流、具备国际竞争力的龙头企业还较为稀缺。这在一定程度上

限制了民营经济整体实力提升。(2)融资难、融资贵的问题依然是制约民营经济发展的"瓶颈"。尽管政府出台了一系列政策措施来缓解这一问题,但实际操作中,民营企业尤其是中小企业在获取银行贷款、发行债券等方面仍面临诸多困难,导致企业资金链紧张,难以扩大规模、提升竞争力。(3)营商环境仍需进一步优化。尽管上海在优化营商环境方面取得了显著成效,但仍存在审批流程繁琐、政策执行不到位等问题,影响了民营企业的运营效率和市场信心。针对这些问题,上海需要继续深化"放管服"改革,加大政策扶持力度,拓宽融资渠道,优化营商环境,为民营经济提供更加广阔的发展空间和更加有力的支持。同时,民营企业自身也需要加强内部管理、提升创新能力、拓展市场空间,以应对日益激烈的市场竞争。

第三,外资结构相对单一,推动经济高质量发展能力有待提升。(1)外资来源地结构相对单一。尽管上海吸引了来自全球多个国家和地区的外资,但中国香港、新加坡等特定地区的投资占比较大,其他地区的投资贡献相对较少。这种单一性可能增加上海外资引进的风险,一旦这些主要投资来源地出现经济波动或政策调整,可能对上海的外资引进造成较大影响。(2)外资企业在某些领域的参与度不高。尽管上海在制造业、服务业等多个领域吸引了大量外资,但在某些高技术、高附加值领域,外资企业的参与度仍然有限。这可能与上海本土企业的竞争实力、市场准入政策等因素有关,限制了外资在这些领域的深入发展。(3)外资引进过程中的政策执行和落地效果仍需提升。尽管上海出台了一系列优惠政策和服务措施来吸引外资,但在实际操作中,政策执行和落地效果可能受到多种因素的影响,如审批流程繁琐、信息不对称等。这些问题可能导致外资企业在上海的投资体验不佳,影响其后续的投资决策。针对这些不足,上海需要进一步优化外资引进策略,拓宽外资来源地,加强高技术、高附加值领域的合作,提升政策执行和落地效果,以吸引更多优质外资企业在上海落地生根、茁壮成长。

二、要素市场体系距离构建全国统一大市场存在差距

上海深化要素市场化改革,需破除壁垒,促进土地、资本、劳动力等自由流动,强化市场配置资源功能。同时,推进全国统一大市场建设,需完善市场体系,加强监管,确保公平竞争,为经济高质量发展提供坚实支撑。

第一,土地要素市场化配置的城乡不统一。土地要素市场化配置的城乡不统一问题,是当前上海土地制度改革中面临的一个重要挑战。长期以来,由于城乡二

元结构的存在,城市和农村在土地要素配置上存在着明显的差异和不均。在城市,土地市场相对较为成熟,土地价格由市场供需关系决定,土地资源配置效率相对较高。然而,在上海郊区和农村,土地市场发育滞后,土地流转和交易受到多种因素的制约,导致土地资源无法得到有效利用和配置。这种城乡不统一的问题,不仅影响了土地资源的优化配置,也制约了城乡经济的协调发展。

第二,人力资源市场设限过高。上海作为中国的经济中心和国际大都市,其人力资源市场一直备受关注。然而,近年来,上海人力资源市场设限过高的问题逐渐显现,给人才引进、流动和安置带来了一定的影响。(1)落户政策设置了较高门槛。无论是对于高学历人才、技能人才还是企业引进的高端人才,都需要满足一定的条件才能在沪落户。这些条件包括学历、工作经验、社保缴纳基数等,对于许多人才来说,这些要求可能显得过高,难以达到。(2)人才引进政策存在限制。虽然上海一直致力于引进高层次、紧缺型人才,但对于一些非紧缺型但具有潜力和创新能力的人才,可能难以获得足够的关注和支持。这种限制可能导致上海在人才竞争中处于不利地位,难以吸引和留住优秀的人才。(3)人力资源市场结构性失衡。一方面,部分行业领域存在人才过剩的情况,导致竞争激烈;另一方面,一些关键领域和行业则存在人才短缺的问题,难以满足发展需求。这种结构性失衡不仅影响了上海人力资源的有效配置,也制约了经济高质量发展。

第三,投融资体系不完善。上海作为中国的经济、金融中心,其投融资体系在促进经济发展方面发挥着重要作用。然而,当前上海投融资体系仍面临不完善的问题,这在一定程度上制约了其金融功能的充分发挥。(1)投融资体系融资渠道相对单一。虽然上海拥有较为发达的金融市场和丰富的金融资源,但企业在融资过程中往往过于依赖银行贷款等传统渠道,而股权融资、债券融资等多元化融资渠道的发展相对滞后。这种单一的融资渠道不仅增加了企业的融资成本和风险,也限制了金融市场的活力。(2)投融资体系信息不对称问题突出。由于信息获取渠道有限、信用体系不完善等原因,上海的投资者和融资者之间往往存在信息不对称的情况。这不仅影响了投资者的决策效率,也增加了企业的融资难度和成本。(3)投融资体系风险防控机制有待加强。随着金融市场的不断发展,各类金融风险也日益复杂多变。然而,当前上海投融资体系中的风险防控机制还不够健全,难以有效应对各种潜在风险,这在一定程度上增加了金融市场的脆弱性。

第四,技术要素参与收入分配缺乏有效机制保障。上海作为科技创新的高地,技术要素在推动经济发展和产业升级中发挥着至关重要的作用。然而,当前上海技术要素参与收入分配的过程中,缺乏有效的机制保障,这在一定程度上制约了技术创新和成果转化的积极性。技术要素作为重要的生产要素,其贡献应得到合理的回报。但在实际操作中,由于技术评估、定价和分配机制的不完善,技术要素的价值往往难以得到准确体现和合理分配。这导致技术创新者的收益与付出不匹配,影响了其创新积极性和动力。为了解决这个问题,上海需要建立健全技术要素参与收入分配的有效机制。(1)完善技术评估体系,建立科学、公正、透明的评估标准和方法,确保技术要素的价值得到准确衡量。(2)推动技术定价机制的市场化改革,让市场在资源配置中发挥决定性作用,使技术要素的价格更加合理和公正。(3)建立健全技术成果转化和收益分配的激励机制,确保技术创新者能够获得与其贡献相匹配的收益。此外,政府还应加强对技术要素参与收入分配的政策支持和引导,为技术创新和成果转化提供良好的政策环境和市场条件。通过完善相关法律法规和政策措施,保障技术创新者的合法权益,激发其创新活力和动力。

第五,数字经济等新兴要素市场活力不足。上海作为中国数字经济发展的先锋城市,尽管在多个领域取得了显著成就,但仍面临数字经济等新兴要素市场活力不足的问题。这主要表现在以下几个方面:(1)市场准入门槛相对较高,限制了新兴企业的进入和发展。在数字经济领域,上海初创企业往往面临着资金、技术、人才等多方面的挑战,而高昂的市场准入成本则进一步加剧这一困境。这导致市场竞争不充分,难以激发市场的创新活力和潜力。(2)数字经济等新兴要素市场的监管机制尚不完善。随着技术的快速迭代和市场环境的不断变化,上海现有的监管体系可能无法及时适应新情况、新问题,导致市场乱象频发,影响市场的健康发展。(3)监管过度或不足对市场活力造成负面影响,数字经济等新兴要素市场的生态系统尚未成熟。这包括产业链上下游的协同、数据资源的共享、技术标准的统一等多个方面。目前,上海在以上方面存在一定短板,导致市场资源难以有效整合和优化配置,限制了市场的整体活力和创新能力。

第六,各要素市场之间门槛过高,无法实现有效的交融互动。上海作为中国的经济中心,各要素市场发育相对成熟,但在实际运行中,各要素市场之间门槛过高的问题日益凸显,严重阻碍了市场间的有效交融与互动。要素市场,如金融市场、技术市场、人才市场等,本应相互促进、协同发展,这些市场之间往往存在着较高的进入壁垒和交易门槛,不仅限制了市场主体的自由选择,也阻碍了资源在各市场之间的优化配置。高门槛问题主要体现在市场准入、信息共享、交易规则等方面。例如,金融市场对投资者的资质要求严格,技术市场对技术成果的评估标准不一,人才市场则对人才的流动设置诸多限制。这些门槛的存在,使得各要素市场难以形成有效的联动机制,无法充分发挥市场的整体效能。

三、市场经济基础制度仍需进一步完善

上海应致力于完善市场经济基础制度,强化产权保护,确保公平竞争,优化营商环境。通过深化要素市场化改革,推动市场规则统一,加强监管体系建设,促进资源高效配置,激发市场活力。此举将为上海经济持续健康发展提供坚实的制度保障。目前,这些方面还存在一系列问题亟待解决。

第一,有效产权保护制度需进一步确立。上海作为中国经济的前沿阵地,其市场经济的快速发展对产权保护制度提出了更高要求。然而,当前上海在有效产权保护制度方面仍需进一步确立和完善,以应对日益复杂的市场环境和产权纠纷。产权保护是市场经济的基础,它关乎市场主体的切身利益和市场秩序的稳定。在上海,虽然已有一系列法律法规和政策措施来保障产权,但在实际操作中,仍存在产权界定不清、侵权行为频发等问题。这不仅损害了市场主体的合法权益,也影响了市场的公平竞争和健康发展。为了进一步完善上海的产权保护制度,需要采取多方面措施:(1)加强对产权法律法规的宣传和普及,增强市场主体的产权意识和法律意识。(2)建立健全产权纠纷解决机制,为市场主体提供便捷、高效的纠纷解决渠道。(3)加大执法力度,对侵权行为进行严厉打击,维护市场秩序和公平正义。(4)积极推动产权保护制度的创新。例如,可以探索建立知识产权快速维权机制,为创新型企业提供更加有力的保护。(5)加强与国际社会的合作与交流,借鉴国际先进经验,不断提升上海产权保护制度的国际化水平。

第二,强调市场准入制度的灵活性和公平性。上海作为中国的经济中心,其市场准入制度在推动经济发展方面发挥了重要作用。然而,这一制度在灵活性和公平性方面仍存在一些问题,需要引起关注。在市场准入制度的灵活性方面,上海虽然采取一系列措施来简化注册流程和缩短审批时间,但仍存在部分环节繁琐、效率低下的问题。这导致一些新兴企业和创新项目在进入市场时面临许多障碍,影响了市场的活力和创新力。而在公平性方面,上海市场准入制度也面临一些挑战。尽管有统一的市场准入标准,但在实际操作中,仍可能存在对特定企业或行业的隐性歧视。此外,部分领域可能存在权力寻租和腐败现象,导致市场准入过程的不公平和不透明。为了解决这些问题,上海需要进一步完善市场准入制度。(1)继续深

化行政审批制度改革,简化流程、提高效率,为市场主体提供更加便捷、高效的服务。(2)加大监管力度,确保市场准入过程的公平、公正和透明,防止权力寻租和腐败现象的发生。(3)建立健全市场主体的反馈机制,及时收集和处理市场主体的意见和建议,不断优化市场准入制度。

第三,进一步减少市场垄断,实现公平竞争制度。上海作为中国经济的重要引擎,其市场环境的优化对于全国乃至全球的经济发展都具有重要意义。然而,在上海,一些行业和领域存在市场集中度过高、少数企业占据主导地位的现象。这些企业凭借其在市场上的优势地位,可能采取不公平的竞争手段,限制其他企业的进入和发展,从而损害市场的公平性和效率。市场垄断的存在,不仅剥夺了消费者选择更多优质产品和服务的权利,还可能导致价格扭曲和资源错配。长期来看,这将削弱市场的创新能力和活力,影响上海经济的持续健康发展。需要积极构建进一步减少市场垄断、实现公平竞争的体制机制。

第四,社会信用制度的优化与确保。上海作为中国最发达的城市之一,其社会信用制度的建设对于维护市场秩序、促进社会诚信具有重要意义。然而,当前上海社会信用制度仍存在一些问题,亟待解决。(1)信用信息共享机制不健全。尽管上海已经建立了较为完善的信用信息共享平台,但在实际操作中,仍存在信息共享不充分、不及时的问题。这导致一些企业和个人的信用状况难以得到全面、准确的评估,影响了信用制度的有效性。(2)信用奖惩机制不完善。在上海,虽然对守信者给予了一定的奖励和便利,但对失信者的惩戒力度仍有待加强。一些失信行为并未得到应有的惩罚,这在一定程度上削弱了信用制度的威慑力。(3)信用法律法规体系不健全。目前,上海在信用方面的法律法规还不够完善,一些信用行为的界定和处罚缺乏明确的法律依据。这导致在处理信用纠纷时,可能出现法律空白或法律冲突的情况。

第五,打造合理的市场退出机制。上海在经济发展上取得了举世瞩目的成就,但在市场退出机制方面仍存在一些亟待解决的问题。市场退出机制是市场经济体系中的重要组成部分,它有助于优化资源配置、提高市场效率。然而,在上海,一些企业由于各种原因难以顺利退出市场,导致市场"僵尸企业"增多,资源浪费严重。其中,一个主要问题是市场退出成本过高。企业在退出市场时,需要面临诸多成本,包括员工安置、债务清偿、资产处置等。高昂的退出成本使得一些企业即使经营不善,也选择继续维持,从而占据了市场资源,阻碍了市场的健康发展。此外,市场退出程序繁琐也是一大问题。企业在退出市场时,需要经历一系列复杂的程序和审批,这不仅耗费了大量时间和精力,还增加了企业的退出成本。为了解决这些问题,上海需要进一步完善市场退出机制:(1)降低企业退出市场的成本,通过政府补助、税收优惠等措施,减轻企业的经济负担。(2)简化市场退出程序,提高退出效率,使企业能够快速、顺利地退出市场。(3)加强对"僵尸企业"的清理和处置,释放市场资源,提高市场效率。

四、政府经济治理体系和治理能力有待完善与提高

上海在打造有为政府方面面临的主要问题是,如何平衡政府干预与市场机制的关系,既要有效发挥政府的引导和调控作用,又要避免过度干预,确保市场活力。同时,还需提升政府治理效能,解决部分领域存在的治理能力不足、效率不高等问题,以更好地服务市民和企业。

第一,改变数据共享、开放合作不足现状。上海作为中国数字经济的前沿阵地,近年来,在数据共享与开放合作方面取得了显著进展,但仍面临一些挑战和问题。(1)数据共享机制不完善。尽管上海已建立多个数据共享平台,但不同部门、不同行业之间的数据壁垒依然存在,导致数据共享不畅,影响了数据的充分利用和价值挖掘。这在一定程度上制约了上海数字经济的进一步发展。(2)数据开放合作面临法律法规"瓶颈"。在数据开放过程中,如何平衡数据利用与个人隐私保护、数据安全与数据流通之间的关系,是当前亟待解决的问题。相关法律法规的不完善,使得企业在数据开放合作中顾虑重重,影响了数据市场的活跃度和创新力。(3)数据标准不统一。不同来源、不同格式的数据难以有效整合和利用,降低了数据的质量和价值。

第二,推进开展综合改革试点,稳步扩大金融领域制度型开放。上海在扩大金融领域制度型开放上,虽已取得显著进展,但仍面临一些挑战与问题。(1)金融市场国际化程度有待提升。尽管上海国际金融中心地位日益凸显,但与国际顶尖金融中心相比,其金融市场外资占比较低,国际化水平不足。这限制了上海金融市场对全球金融资源的吸引力和配置能力。(2)金融领域制度型开放存在规则和标准的不匹配。在推进制度型开放的过程中,需要与国际高标准经贸规则接轨,但在规则、规制、管理、标准等方面,上海与发达国家仍存在一定差距。这可能导致外资金融机构在进入中国市场时面临不确定性,影响其投资信心和意愿。(3)跨境金融数据流动等规制尚不清晰。随着金融开放的深入,跨境金融数据流动成为重

要议题。然而,上海在这方面的规制清晰度和精准度与国际经贸规则的具体条款存在较大差距,可能阻碍金融数据的自由流动和高效利用。(4)金融生态环境和营商环境的改善也是亟待解决的问题。与顶尖国际金融中心相比,上海在高端金融人才供给、税收制度竞争力、金融配套中介的专业化服务能力等方面仍有较大的提升空间。

第三,坚持先立后破,持续深化财税体制改革。上海在财税体制改革方面尽管取得了不少成效,但仍面临一些挑战和问题。(1)中央与地方财政关系需要进一步优化。随着经济社会的发展,现有的财税体制在某些方面已难以满足实际需求,特别是在中央与地方财权和事权的划分上,存在不匹配、不清晰的问题。这导致地方财政在承担更多事权的同时,财权相对有限,影响了地方财政的可持续性。(2)税制结构需要进一步优化和完善。当前税制在某些方面可能还存在不合理之处,比如某些税种的税率设置、税收优惠政策的执行等,可能未能充分发挥税收在调节经济、促进社会公平方面的作用。(3)预算管理制度有待进一步完善。包括预算编制的科学性、透明度和执行力,以及预算执行的监督和绩效评估机制等,都需要进一步加强。这有助于提升财政资源的使用效率,确保财政政策的精准实施。(4)新的经济形态和模式不断出现,对财税体制提出新挑战。比如数字经济、共享经济等,其税收征管方式、税收优惠政策的制定等,都需要财税体制进行相应的改革和调整。

五、距离构建高水平对外开放体制存在差距

上海在全国对外开放水平上一直处于前列,取得了辉煌的成就。但在新的阶段推进高水平对外开放并非一帆风顺,开放带来经济的繁荣与发展,也存在着不少的问题与挑战。

第一,上海在服务贸易领域的开放度有待进一步提升。虽然上海在制造业领域吸引了大量外资,但在服务贸易领域,如金融、教育、医疗、文化等,外资的准入门槛依然较高,市场开放程度相对较低。这限制了外资在这些领域的深入参与,也影响了上海服务贸易的国际竞争力。为了进一步提升上海服务贸易的开放水平,需要加快相关领域的改革步伐,放宽外资准入限制,推动服务贸易的自由化和便利化。

第二,上海在跨境数据流动和知识产权保护方面存在短板。随着数字经济的

发展,跨境数据流动成为推动全球经济合作与发展的重要因素。然而,上海在跨境数据流动的管理和监管方面尚不完善,与国际高标准经贸规则相比存在一定差距。同时,知识产权保护也是外资企业在上海投资时关注的焦点之一。目前,上海在知识产权保护方面虽然取得了一定进展,但仍需加大执法力度,提高保护效率,为外资企业提供更加稳定、可预期的投资环境。

第三,上海在吸引和利用外资的质量和效益方面仍有提升空间。尽管上海吸引了大量外资,但在外资的质量和效益方面仍需进一步优化。部分外资项目存在技术含量不高、产业关联度不强等问题,对上海产业升级和经济发展的推动作用有限。因此,上海需要更加注重外资项目的筛选和评估,引导外资投向高技术、高附加值领域,提升外资利用的质量和效益。

第四,上海在推进自贸区建设和制度创新方面还需加大力度。自贸区作为对外开放的重要平台,对于推动制度创新、优化营商环境具有重要意义。然而,上海自贸区在制度创新和营商环境优化方面仍需进一步努力。例如,在投资贸易便利化、金融服务创新、监管模式改革等方面仍有较大提升空间。此外,上海还需加强与国际高标准经贸规则的对接,推动自贸区建设向更高水平发展。

第五,上海在参与全球经济治理和区域合作方面仍需加强。作为国际大都市,上海在全球经济治理和区域合作中扮演着重要角色。然而,在参与全球经济治理和区域合作方面,上海的话语权和影响力仍有待提升。因此,上海需要积极参与全球经济治理体系改革和建设,加强同周边国家和地区的经济合作与交流,推动形成更高水平的区域经济一体化格局。

第三节　上海构建高水平社会主义市场经济体制的总体要求

党的二十届三中全会明确指出,高水平社会主义市场经济体制是中国式现代化的重要保障。作为建设社会主义现代化强国的主力军和排头兵,上海势必在构建高水平社会主义市场经济体制方面充分发挥龙头带动和示范引领作用,这需要理解和把握上海构建高水平社会主义市场经济体制的总体要求,为进一步全面深化改革、推进中国式现代化贡献先锋力量。

一、上海构建高水平社会主义市场经济体制的主要目标

第一,激活市场主体,坚持"两个毫不动摇",确保高水平社会主义市场经济行稳致远。力争形成不同所有制经济活力竞相迸发的市场格局,国有企业管理监督体制机制臻于完善,国有资本向国家安全领域、国民经济命脉领域、关系国计民生的领域、前瞻性战略性新兴产业集中;民营经济发展环境显著优化,要素支持空间和产业发展空间显著扩大,民营企业参与重大项目建设、重大技术攻关任务的长效机制不断完善。目标到 2050 年,不同所有制经济的发展相生共荣、各展所长,公有制经济在发展独立完整的产业体系、系统有效的金融体系、庞大顺畅的基础设施体系、充满活力的科技创新体系、富有韧性的宏观治理体系、普惠包容的社会保障体系、强大有力的国家安全体系等方面有更大作为;非公有制经济"孕育—初创—发展—成熟"的全链条生命周期发展体系全面建立,成熟的非公有制经济形态平稳朝着更加适应社会主义制度发展需要的方向发展。

第二,正确处理政府与市场关系,更好解放社会生产力、深度激发社会活力。全面建成高水平社会主义市场经济体制,市场在资源配置中起决定性作用,劳动力、资本、土地、知识、技术、管理、数据等生产要素的活力竞相迸发,一切创造社会财富的源泉充分涌流;更好发挥政府作用,有效弥补市场失灵,为市场有效配置资源和经济社会高水平、高质量、高效能发展创造良好稳定的制度环境。目标到 2050 年,党领导下的有为政府与有效市场更加协同,宏观经济发展指标与微观主体获得感之间的"温差"显著缩小,市场在资源配置中的决定性作用更具全局性、持续性;政府在科技创新体制机制、开放型经济新体制、收入分配与财富积累制度等方面的宏观经济治理体系与高标准市场体系的运行完全适应、相互促进,社会力量在开展动员攻坚、稳定经济预期、优化资源配置中的作用不断显现。

第三,全面建成高标准市场体系,为高水平社会主义市场经济发展提供坚实支撑。要素市场自由化程度、商品市场规则统一度、市场开放度达到先进水平,竞争政策的基础性地位进一步确立,营商环境持续优化,市场体系制度集成、配置效率、创新发展特征突出。目标到 2050 年,要素市场自由化程度、商品市场规则统一度、市场开放度达到领先水平,竞争政策的基础性地位完全确立,营商环境居于世界前列,竞争培育与政府治理、存量调整与增量创造、规则优化与扩大开放并行不悖,形成高标准市场体系的动态优化能力。

二、上海构建高水平社会主义市场经济体制的基本原则

第一,坚持敢为天下先,坚决先行探路。(1)坚决从落实国家战略的高度谋划改革,坚决以敢为天下先的勇气和毅力推进改革,敢于啃硬骨头,面对高水平社会主义市场经济体制构建中的主要问题和主要矛盾,把握主要矛盾的主要方面。(2)坚决做好排头兵、先行者,发挥好试验田、风向标作用,在进一步全面深化改革的浪潮中勇于探索、发奋创新,着力开创体制机制创新局面,推动各项前无古人的改革举措落地实践,做到示范引领效应。(3)坚决为国家试制度、测压力、探新路,在构建高水平社会主义市场经济体制、推动高质量发展、推进中国式现代化进程中发挥先行先试、龙头带动作用,在前头抗压,扛起改革风险,勇挑改革重担,做好压力测试,探索改革开放新路径。

第二,坚持党的全面领导,创新强化党的领导制度。(1)坚持党的全面领导,强化党的领导核心地位,确保改革发展正确方向。上海各级党组织和广大党员干部应深入学习贯彻习近平新时代中国特色社会主义思想,不断增强"四个意识"、坚定"四个自信"、做到"两个维护",确保党中央的决策部署在上海得到全面贯彻落实。(2)坚持党的全面领导,努力创新党的领导方式,提升治理效能。上海应积极探索符合时代要求、体现上海特点的党的领导新路径、新模式。通过推动党的领导与经济社会发展深度融合,确保党的领导在推动经济高质量发展、全面深化改革开放等方面发挥重要作用。(3)坚持党的全面领导,积极完善党的领导制度体系,保障改革顺利推进。完善的党的领导制度体系是确保改革顺利推进的重要保障,上海应积极总结和运用改革开放以来特别是新时代全面深化改革的宝贵经验,结合自身实际情况,不断完善党的领导制度体系。

第三,坚持以人民为中心,把握市场经济人民性。(1)坚持以人民为中心,明确人民主体地位,构建人民共建共享的发展格局。上海在构建高水平社会主义市场经济体制的过程中,必须始终明确人民的主体地位,将人民放在心中最高位置,把增进民生福祉作为发展的根本目的。(2)坚持以人民为中心,深化上海民生领域改革,满足人民日益增长的美好生活需要。上海作为国际化大都市,更应积极响应时代呼唤,深化民生领域改革,着力提升人民生活品质。(3)坚持以人民为中心,加强社会主义市场经济的精神文明建设,提升人民道德文化素养。上海在构建高水平社会主义市场经济体制的过程中,必须不断加强精神文明建设,提升市场经济的文

明素养,提高人民道德文化修养。

第四,坚持守正创新,打通改革梗节堵点。(1)坚持坚决守正,保证构建高水平社会主义市场经济体制方向不偏。上海必须始终坚持以习近平新时代中国特色社会主义思想为指导,全面贯彻党的二十大精神和二十届三中全会决策部署,确保改革沿着中国特色社会主义道路前进,不偏离正确方向。(2)坚持勇于创新,激发高水平社会主义市场经济内在活力。上海应充分发挥自身优势,以科技创新为核心,推动市场体制全面创新,激发改革内在活力,加快关键核心技术攻关,培育壮大新动能。(3)坚持守正创新相结合,破解构建高水平社会主义市场经济体制难题"瓶颈"。上海应坚持问题导向与目标导向相统一的原则,深入调查研究,找准问题症结所在,同时加强顶层设计和统筹协调,制定科学合理的改革方案和政策措施。

第五,坚持以制度建设为主线,创新治理机制。(1)坚持以制度建设为主线,加强顶层设计,筑牢根本制度。上海必须注重顶层设计,从全局和战略高度谋划制度建设。上海要坚决维护党中央权威和集中统一领导,确保党的全面领导贯穿于社会主义市场经济治理的各领域、各环节。(2)坚持以制度建设为主线,推进破立并举,推动制度不断完善。上海在构建高水平社会主义市场经济体制的过程中,要敢于破除不适应时代发展的旧制度、旧机制,同时也要善于建立符合新时代要求的新体制、新体系。(3)坚持以制度建设为主线,注重制度落地,促进实践不断创新。上海在构建高水平社会主义市场经济体制的过程中,要注重将制度建设与实践创新紧密结合起来,鼓励广大干部群众积极投身到制度创新和实践创新的伟大事业中去,为发展注入源源不断的动力。

第六,坚持全面依法治国,以法治促进高水平。(1)坚持全面依法治国,加强法治建设,构建完善的高水平社会主义市场经济法治体系。上海要深入贯彻习近平法治思想,坚持科学立法、严格执法、公正司法、全民守法,不断完善中国特色社会主义法治体系。(2)坚持全面依法治国,以法治引领改革,推动高质量发展。上海要坚持以法治引领改革,一方面,通过法治手段巩固和扩大改革成果,将改革中的成功经验及时上升为法律法规;另一方面,运用法治思维和法治方式破解改革难题,为改革提供有力的法律支撑和制度保障。(3)坚持全面依法治国,强化法治监督,维护公平正义。上海要强化法治监督,确保法律法规得到严格执行和公正适用,维护社会公平正义和人民群众的根本利益。

第七,坚持系统观念,全面完整构建体制。(1)坚持政府与市场协同,构建高效运转的社会主义市场经济体制机制。上海必须正确处理政府与市场的关系,一方面,充分发挥市场在资源配置中的决定性作用,通过完善市场准入制度,促进商品和要素自由流动,维护市场秩序和公平竞争,进而有效激发市场活力和创造力;另一方面,更好地发挥政府在宏观调控方面的作用,为市场经济发展提供有力保障。(2)坚持经济与社会并重,构建全面发展的体制保障。上海必须坚持经济与社会并重,一方面,深化经济体制改革,完善社会主义市场经济体制,激发市场活力;另一方面,加强社会稳定建设,推动构建共建共治共享的社会治理格局。(3)坚持效率与公平兼顾,构建和谐发展的体制基础。上海必须兼顾效率与公平,一方面,注重提高经济效率,推动经济高质量发展;另一方面,注重维护社会公平,促进社会和谐稳定。

三、上海构建高水平社会主义市场经济体制的关键任务

第一,率先性构建高水平社会主义市场经济体制,保障上海在推进中国式现代化中充分发挥龙头带动和示范引领作用。上海致力于率先性构建高水平社会主义市场经济体制。社会主义基本经济制度是构建高水平社会主义市场经济体制的根本基石。上海需引领性毫不动摇地巩固和发展公有制经济,确保国有经济在关系国家安全、国民经济命脉的重要行业和关键领域的控制力和影响力。同时,要鼓励、支持、引导非公有制经济发展,激发市场活力和创造力,形成公有制经济与非公有制经济相互促进、共同发展的良好局面。在具体实践中,一方面,深化国资国企改革,激发市场活力。上海将持续优化国有经济布局和结构调整,推动国有资本向战略安全、产业引领等领域集中,增强国有经济的竞争力、创新力、控制力、影响力和抗风险能力。深化国有企业改革,完善中国特色现代企业制度,加快建设世界一流企业,推动国有企业做强做优做大。另一方面,致力于优化民营经济发展环境,构建公平竞争的市场体系。通过放宽市场准入、打破行业垄断和地方保护、消除各类显性和隐性壁垒,让民营企业享有与国有企业同等的市场机会和政策待遇。

第二,领先性发挥市场机制作用,创造更加公平、更有活力的市场环境,实现资源配置效率最优化和效益最大化。坚决发挥市场在资源配置中的决定性作用,推动全要素市场化交易机制,以国际通行规则建设与世界衔接有序的要素市场。完善要素流动体系、市场定价体系、市场选择机制;推动政府"放管服"改革,保证市场主体在市场中的平等竞争地位,有效消除不同所有制的竞争差异;着力推进市场活力迸发,完善高水平社会主义市场经济法律法规体系建设,推动竞争政策与产业政

策有机协调、相互扶持,共同促进市场机制全面发展;建设统一开放的、要素自由流动的国内市场典范,推动长三角一体化要素流动政策和制度大幅推进。

第三,开创性发挥政府作用,既"放得活"又"管得住",更好维护市场秩序、弥补市场失灵。更好发挥政府作用,高强度推动市场基础制度规则统一、市场监管公平统一、市场设施高标准联通。加大力度强化公平竞争审查刚性约束,高标准推动反垄断和反不正当竞争,清理和废除妨碍统一市场和公平竞争的各种规定和做法。在全市建立健全统一规范、信息共享的招标投标和政府、事业单位、国有企业采购等公共资源交易平台体系,实现项目全流程公开管理。提升市场综合监管能力和水平,市场综合治理水平达到国内顶尖;以国际标准执行监管体系,深化标准管理制度改革,做到市场基础制度国际化、规范化、法治化,形成典型化示范效应。

第四,开拓性畅通经济循环,激发社会内生动力和创新活力。大力畅通经济循环,着力推进土地、劳动力、资本、技术、数据等要素的市场化配置改革,打破行政壁垒和市场分割,促进要素自由流动和高效配置。在土地要素方面,上海应建立健全城乡统一的建设用地市场,推进农村土地征收、集体经营性建设用地入市、宅基地制度改革,赋予省级政府更大用地自主权,探索建立全国性的建设用地、补充耕地指标跨区域交易机制。在人力资源要素方面,要健全统一规范的人力资源市场体系,破除劳动力和人才在城乡、区域和不同所有制单位间的流动障碍,促进人才资源优化配置。此外,还要加快发展技术和数据要素市场,完善交易规则和服务体系,激发创新活力。

第五,纵深性扩大国际合作,建设更高水平开放型经济新体制。制度型开放是新时代我国对外开放战略的重要升级,这为上海构建高水平社会主义市场经济体制提供了有力支撑。制度型开放不仅要求传统的商品和要素自由流动,更强调规则、规制、管理、标准等制度层面的对接与融合,更加注重国家软实力和在全球经济治理中话语权的提升。上海作为改革开放的先行"旗手",必须在稳步扩大制度型开放方面先行探索,积极对标国际高标准经贸规则,不断完善投资环境、优化营商环境,在构建新发展格局、推动"一带一路"建设中,共筑具有全球影响力的强劲活跃增长极和国内国际双循环的战略枢纽。

第四节　上海构建高水平社会主义市场经济体制的实践路径

上海在构建高水平社会主义市场经济体制进程中,需要保持实践的先发性、开拓性和引领性。要以守正创新落实"两个毫不动摇"、创新引领构建全国统一大市场、领航完善市场经济基础制度、优先健全推动经济高质量发展体制机制、着力构建支持全面创新体制机制、探索健全宏观经济治理体系和突破完善高水平对外开放体制机制为整体思路,为强国建设贡献"上海力量"。

一、守正创新落实"两个毫不动摇"

第一,深化国资国企改革,推动国有资本、国有企业做强做优做大。持续做强做优做大国有企业,推动国企完善中国特色现代企业制度,打造世界级"巨头"国企,引领现代化经济体系构建。2029年,实现国企总部经济效能的加快释放,布局一批高质量的、匹配国家重大发展战略的龙头国企,完善国有企业的中国特色现代企业制度,必须加强党的领导,加强国企治理机制建设,推动企业建立健全产权清晰、权责明确、政企分开、管理科学的现代企业制度,培育更多世界一流的国企集群。2035年,国有企业总部数量全国领先,国企规模、产值、效能等全国第一,建立成熟的中国特色现代企业制度,国有企业在党的领导、管理体制、创新能力、营收效益等方面全面高质量发展,国企国际影响力大幅提高。2050年,建成以高新技术为牵引的一大批世界领先的国企集群,建成国有企业的中国特色现代企业制度,国有企业对国民经济影响力、对产业创新贡献率、对中国式现代化推动力无可替代,国有企业在各类全球榜单排名中名列前茅,体现公有制经济强大优势。

第二,优化民营经济发展环境,打造国内领先民营经济体。鼓励和提升民营企业质量,鼓励有条件的民企建立现代企业制度,打造一批拥有国际级创新能力和盈利能力的"独角兽"民企。2029年,巩固特色民营经济,吸引一大批高新技术企业来沪设立总部,给予政策引导与支持;不断鼓励有条件的民营企业建立现代企业制度,完善法人治理结构、规范股东行为、强化内部监督、健全风险防范机制,注重发挥党建引领作用,提升内部管理水平。2035年,形成全国最大规模、最具代表性的"独角兽"企业集群,数字化、网络化、智能化民企数量全国第一;民营企业现代企业制度"连片发展",大量民企在法人治理、股东权责、制度管理、风险应对方面展现良好能力。2050年,民营企业建立起完备的中国特色现代企业制度,民企在治理效能、创新能力、人才储备、市场竞争、财务健康等方面具备国际竞争力,形成国际领先的"IP集群",形成全领域的上海国际领先品牌格局,本土民企在各类全球榜单排名中位居前列。

第三,率先完善中国特色现代企业制度,建设世界领先的一流创新型企业。率先完善中国特色现代企业制度,着力打造上海品牌,弘扬企业家精神,实现国企与民企在原始创新领域的协同发展,市场主体的原始创新、集成创新和开放创新能力竞相迸发,建设世界领先的一流创新型企业。2029年,支持和引导各类企业提高资源要素利用效率和经营管理水平、履行社会责任,加强对龙头企业、高成长企业、战略性新兴行业企业的政策支持,加快培育世界一流企业,完善经济运行调度机制。2035年,率先建成现代企业制度示范产业集群,完整打造自主可控的产业链供应链,健全强化集成电路、工业母机、医疗装备、仪器仪表、基础软件、工业软件、先进材料、人形机器人等重点产业链发展体制机制,全链条推进技术攻关、成果应用;建成完善的产业链供应链安全风险评估机制,储备体系加速构建,海洋经济形成成熟规模。2050年,推动全面建成中国特色现代企业制度,世界一流企业数量、质量、规模、产值等全球第一,全球主要产业领域龙头企业、高成长企业汇聚上海,推动新质生产力发展的新型生产关系全球领先性全面建立,高新技术重点领域实力世界领先,全链条生产体系成为全球样板,海洋经济规模和体量世界一流。

二、创新引领构建全国统一大市场

第一,引领构建全国统一大市场,长三角一体化程度全国领先。推动构建新发展格局,加速服务构建全国统一大市场,推进长三角一体化领先进程。2029年,推动市场基础制度规则统一、市场监管公平统一、市场设施高标准联通;加强公平竞争审查刚性约束,强化反垄断和反不正当竞争,清理和废除妨碍全国统一市场和公平竞争的各种规定和做法,清理具有审批性质的管理规定、模糊性兜底条款;长三角建设统一开放的、要素自由流动的国内市场典范,推动长三角一体化要素流动政策和制度大幅推进,推动长三角行政执法标准跨区域衔接。2035年,建成现代化市场基础制度规则,市场监管能力和水平全国领先,市场设施全国第一、世界前列;反垄断和反不正当竞争常态化且取得显著效果;长三角建成要素流动一体化示范区,要素的国际流动达到世界一流水平。2050年,完成构建全国及世界统一市场规模示范城市,市场监管能力全球领先,市场设施全球最高水准联通;彻底消除垄断行为,市场法规领先世界标准;在长三角地区形成全球瞩目的成熟化、体系化的要素流通市场体系典范。

第二,完善要素市场制度和规则,全要素市场化配置能力全国第一。发挥市场在资源配置中的决定性作用,推动全要素市场化交易机制,以国际通行规则建设与世界衔接有序的要素市场。2029年,坚决发挥市场在资源配置中的决定性作用,完善要素流动体系、市场定价体系、市场选择机制;推动政府"放管服"改革,保证市场主体在市场中的平等竞争地位,有效消除不同所有制的竞争差异。2035年,率先建成高水平社会主义市场经济体制制度和规则体系,对标国际通行规则和市场建设标准,不断完善全球要素顺畅流通的、世界发达的市场体系,在构建新发展格局中强化市场对促进"双循环"协调发展的重要作用;形成成熟的要素自由流通国内体系。2050年,全要素流通能力全国第一、世界一流,吸引外资能力世界第一,要素流通效能达到国际领先水平;建成全国最大的要素流通中心,成为全球要素流通中心城市,形成高水平社会主义市场经济体制全球样板。

三、领航完善市场经济基础制度

第一,完善产权制度,率先建立高效完整的知识产权综合管理体制。对照国际最高水平,大力推进上海知识产权保护中心建设。2029年,率先完善产权制度,依法平等长久保护各种所有制经济产权,建立高效的知识产权综合管理体制。2035年,推动体制机制创新,建成完善的市场经济产权制度,推动建立全国首创、世界一流的知识产权法律和行政双重保障体系,使知识产权能够从基层办事部门得到更为高效、直接的申领和保护,同时着力推动、保障知识产权平稳、安全出海。2050年,建成世界领先的知识产权保障体系,探索形成更加有效、便捷的工作机制,知识产权保障能力得到大幅提升;与世界主要组织和经济体建立深度制度合作,知识产权出海规模显著提升。目标是,法律和行政双重保障体系建设取得国际瞩目成就,打造世界特有的知识产权保障体系"中国方案",超越单一市场化或行政化知识产权保护效能,国际最高水平知识产权保护高地完全建立,推动知识产权出海取得历史进展和成就,知识产权发展潜能、动能和效能亚洲领先、世界一流。

第二,完善市场准入制度,新业态新领域市场准入环境全国领先。进一步放开行政审批制度,优化市场准入标准,为国家战略性新兴产业高质量企业、国际领军水平先进企业设立"快捷通道"。2029年,实现"撤三建一""证照分离""一业一证""双随机、一公开"等制度完全建立,推进临港新片区独立立法工作取得实效;对战略性新兴产业、未来产业、创新型产业集群定点、定量、定时推动"新质生产力审批绿色通道"试点工作。2035年,建成完整的高水平市场准入制度,"新质生产力审批绿色通道"建立,有效推动战略性新兴产业、未来产业、创新型产业集群深度发展,相关产业审批数字全国第一、世界一流,临港新片区立法体系建立完整,并向全国自贸区推广。2050年,建成世界最为领先的国际化企业审批制度,实现世界最大规模城市战略性新兴产业、未来产业、创新型产业集群,实现临港新片区法治建设现代化。

四、优先健全推动经济高质量发展体制机制

第一,健全因地制宜发展新质生产力体制机制。着力推动技术革命性突破、生产要素创新配置、产业深度转型升级,市场主体的原始创新、集成创新和开放创新能力竞相迸发。2029年,坚决以发展新质生产力作为推动高质量发展的重要工作,市场主体高新技术驱动产业占比显著提高,建设具有全球竞争力的科技创新开放环境,坚持"走出去"与"引进来"相结合,扩大国际科技交流合作,努力构建合作共赢的伙伴关系,前瞻谋划和深度参与全球科技治理;加强国际化科研环境建设,瞄准科研人员的现实关切,着力解决突出问题,确保人才引进来、留得住、用得好;不断健全科技安全制度和风险防范机制,在开放环境中筑牢安全底线。2035年,建成高质量发展体制机制,市场主体原始创新、集成创新和开放创新能力明显提升,抵御国外技术垄断和技术壁垒能力显著提升,关键核心技术自主研发能力极大增强,科技自立自强能力明显提高,企业内部培养并形成一批高素质人才,建设世界范围内排名前列的高新技术产业集群。2050年,新质生产力发展世界一流,科技创新能力、创新型企业数量、战略人才储备均居于世界前列,建成世界最大的高新技术产业集群,国内顶尖高科技企业数量全国第一,国际领先的自主知识产权数量全球第一,国内高新技术企业、核心技术占比占统治地位。

第二,健全促进实体经济与数字经济深度融合制度。加大力度推进新型工业化,培育壮大先进制造业集群,推动制造业高端化、智能化、绿色化发展。2029年,在国内率先引领建设一批行业共性技术平台,加快产业模式和企业组织形态变革,

健全提升优势产业领先地位体制机制;提升数字上海建设的标准和质量,将数字上海打造为数字中国的带动和引领重要"样板";率先谋划构建促进数字经济发展体制机制,完善促进数字产业化和产业数字化政策体系;创新实现新一代信息技术全方位、全链条普及应用,发展工业互联网,打造国内领先、具有国际竞争力的数字产业集群。2035年,建成数实融合现代产业体系制度,行业平台发展成熟,形成全国领先的数字经济发展规模;数字上海建设取得决定性成就,电商经济高质量发展;数字产业化和产业数字化政策体系示范建立;数字产业集群国内领先、世界一流。2050年,数字经济与实体经济高水平深度融合,形成世界最发达的数字经济实体规模;数字上海高质量完成,电商经济享誉全球;数字产业集群规模和效能均世界领先。

五、着力构建支持全面创新体制机制

第一,深化教育、科技、人才体制机制改革创新。深化教育综合改革和科技体制改革,推进高水平人才高地建设,强化高水平社会主义市场经济的基础性、战略性支撑。2029年,进一步增强教育现代化成效,推动教育体制深层改革,形成典型示范效应,推进和巩固国际级教育强市建设;优化上海教育资源配置,建立全国领先的教育公平体制机制,建立同城市规模和人口规模相协调的基本公共教育服务供给机制。坚持面向世界科技前沿、面向经济主战场、面向国家重大需求、面向人民生命健康的科技创新战略;构建高水平社会主义市场经济引领下的科技创新体制机制,发挥新型举国体制对科技创新的重要指引作用,努力打造国内领先、国际前沿的科技创新体制。巩固和提升上海在全国和世界范围内的人才集聚地地位,实施更加积极、更加开放、更加有效的人才政策,完善人才自主培养机制,加快建设国家高水平人才高地和吸引集聚人才平台;更大范围、更大广度、更深层次、更高水平引进人才,创新推动人才选拔、保障、评价和激励机制,打造具有国际竞争力的世界一流人才体系。2035年,建成全面创新体制,教育能力、规模、水平、成就全国第一、世界前列;科技创新机制完全构建,科技创新能力全国第一、世界前列;国内外人才储备数量深厚,高水平人才数量全国第一、世界前列。2050年,形成全球最完善成熟的教育、科技、人才体制机制,教育水平世界领先,科技实力国际前茅,人才质量全球第一。

第二,强化国际科技创新中心策源功能,营造鼓励创新、宽容失败的社会氛围。

强化上海国际科技创新中心策源功能,健全科技战略决策咨询机制,强化前瞻性、战略性、系统性、带动性布局。2029年,完善竞争性支持与稳定支持相结合的基础研究投入机制,引导社会力量支持基础研究;加强有组织的基础研究,深化基础研究先行区建设,鼓励开展高风险、高价值基础研究;支持基础研究选题多样化,创新非共识项目筛选机制;建立关键核心技术攻关新型组织实施模式;完善教育、科技、人才一体化发展机制,推动科技创新力量、要素配置、人才队伍体系化、建制化、协同化,推动教育、科技、人才专项规划对接协同,促进教育评价、科技评价、人才评价改革联动。2035年,建成基础研究支持机制,有组织科研常态化、长效化、规范化,形成一大批具有创新效能的科研成果,教育、科技、人才协同能力全国领先。2050年,建成完整的、世界领先的基础研究支持机制,有组织科研制度规范出海,科研成果数量全国第一、世界领先,形成中国式现代化教育、科技、人才协同发展机制,教育、科技、人才赋能效益世界第一。

六、探索健全宏观经济治理体系

第一,完善战略规划体系和政策统筹协调机制,建立国内领先决策治理。把握世界格局和国内大局,以全球视野提升政府治理效能和服务质量,做成备受国际市场好评的治理能力现代化政府。2029年,形成深度把握高质量发展前沿要求的政府工作体制机制,进一步改善营商环境、激活市场主体、建设市场体系、提升财税金融能力;提升对国内宏观经济局势、民主政治发展进程、文化发展前沿脉络、社会思想潮流、生态文明系统治理的整体把控;树立高瞻远瞩的国际视野和战略思维,精准把握国际局势走向,理解国际关系发展趋势,提升治理能力和治理体系建设。2035年,政府治理能力达到现代化先进水平,对宏观经济和国际资本市场的把握日臻成熟,能够熟练应对国内外各领域风险挑战对经济工作的影响,坚持系统思维和整体思维,全面看待社会主义市场经济,宏观调控能力和水平得到大幅提升。2050年,高水平熟练并自觉学习、研究、掌握经济社会治理方法论,创新中国特色社会主义治理理论与实践,以优秀的政府治理推动中国式现代化深入发展,建成法治、善治、能治相结合的世界领先的社会主义市场经济政府治理体制,政府治理效能获得国际好评,在世界范围内树立"善治"政府典范。

第二,深化财税体制改革,率先建成现代化财税体制。建成现代化财税体系,加强财政吸纳能力,防范化解财务风险,积极推动关键领域减税降费,更好建设智慧税务体系。2029年,整体性、系统性搭建对高质量发展更具支撑力的现代财税制度体系,财政体系着眼于稳增长、防风险,能够积极有效防范和应对债务风险,形成对高质量发展和中国式现代化的现代财政支撑;税务体系着眼于共同富裕和新型举国体制双向并举,合理调节居民、企业税收,促进国家税务增长,构建既有公平又有效率的税务制度。2035年,建成现代化财税体系,基本建成对高质量发展和中国式现代化起重大推动作用的财政体系,具备较强债务风险预防、应对和化解能力,财政水平得到大幅提升;税收体制趋于成熟、平衡,对共同富裕推进和新型举国体制优势起到不可替代的制度保障作用,税务水平呈现健康良好态势,建成与现代化治理体系相契合的、国际领先的财税示范区。2050年,全球领先性构建现代化财税体系,抗风险能力世界一流,财政实力居于全球领先地位,极大推动高质量发展和中国式现代化稳步前行,建立具有中国特色的税务制度,助力共同富裕实现,新型举国体制依靠财税制度创造现代化制度典范。

第三,体系化推进国际金融中心建设,加速建成国际领先金融中心。保证资本健康发展与畅通流动,防止资本无序扩张,拒绝资本"虚拟空转",反对资本"圈钱"行为,建成一流国际金融中心。2029年,建立全国领先的资本管理、引导、监督机制,整顿本市资本市场,依法整治资本违法行为,形成清朗的资本运行格局,防范金融风险;坚决推动金融资本服务实体经济,反对资本"脱实向虚",构建良好的资本流转态势结构,加大对国家重大战略性新兴产业的资本投入;不断提升资本市场信心,积极发展风险投资,壮大耐心资本,着眼于资本长期稳定发展。2035年,建成现代化金融体系,驾驭资本能力显著提升,防范金融风险能力显著增强,金融监管和治理现代化成效显著,人民币汇率保持稳定,金融资本助力实体经济能力大幅提高,资本市场信心大幅提升,耐心资本扎实发展;形成成熟的法治化、制度化实践体系,资本流动高效有序,建立世界一流的资本监管体系。2050年,金融风险、资本泡沫被完全化解,金融资本服务实体经济,拉动实体经济增长,人民币稳居世界主要结算货币前两位,全球资本平稳有序地在市内大范围流通,建成世界领先的金融中心,驾驭资本能力、应对国际资本挑战能力世界领先。

七、突破完善高水平对外开放体制机制

第一,稳步扩大制度型开放,突破开创改革开放历史新局面。推动扩大制度型开放,进一步优化市场体制机制,锚定世界最高水平开放格局,形成全方位制度型

开放,大胆解决开放过程中的各种问题。2029年,全面制定外资、外企、外国技术、人才引进新标准,与国际市场体系高度接轨;打造重点跨国企业集群区域,金融开放进一步有序扩大;推动临港新片区"压力测试"深度探索,构建更加深层次的制度型开放新格局,为国际知名的、涉及前沿战略产业技术的企业和人才打通"开放绿色通道",增强市场体系建设的规范性、法治性,做好正面、客观的国际宣传。2035年,高水平对外开放体制建成,形成成熟的外资、外企、外国技术、人才引进政策与实践,形成世界一流的跨国企业产业集群,"离岸+内陆+近岸"结合的开放型资本市场基本形成;自贸区由"压力测试"转为"耐力测试",推动制度型开放行稳致远;国际前沿企业由"绿色通道"不断引入,丰富市场竞争机制,不断提升中国特色社会主义市场经济国际影响力。2050年,开放程度与水平世界第一,制度型开放全面成熟建立,成为中国式现代化的重要代表特征,自贸区形成完备的"压力储能",应对国际经济、科技冲击能力世界领先,外资、外企、外国技术、人才储备世界一流,形成世界领先的国际顶级跨国企业集群,涉外业务发展完全制度化,成为全球资产管理中心。

第二,强化法治建设,为更高起点全面深化改革开放提供体制机制保障。把推进法治和监管能力现代化作为上海完善社会主义市场经济体制、加快建设"五个中心"的重要任务来抓,不断提升依法治理水平,从法治层面构建全面深化改革开放的制度框架。2029年,构建以法治为保障的市场监管体系,着力推动政务改造,保障监管执法水平提升;建立适应新质生产力发展的制度和法律体系,加强在立法、执法、司法层面的制度建设和监管机制,着力把提升法治建设作为"五个中心"重要使命的短板环节切实改进好;把握数字化、网络化、智能化发展趋势,提高法律治理的数字化能级,强化对数字领域法治建设的关注度和能力培养。2035年,建成以新质生产力推动高质量发展、推进中国式现代化的制度体系和法律体系,建成较为完备的法律环节体系,对标国际法治惯例和要求,提升法治国际化水平和国际认同度,推动国际化都市构建以法治为牵引,网络治理环境清朗,建立成熟的法治政府、数字政府,完善智能化治理、共建共享治理和应急体制建立,切实提高执法水平。2050年,国际化、法治化、制度化程度全球领先,以法治为保障的市场监管体系完全建立,对新质生产力、高质量发展、社会主义市场经济体制、中国式现代化起到关键推动作用,法治建设水平稳居国际化都市前三,数字化建设、应用程度排名国际化都市第一,市场治理高度数字化、智能化、网络化,市场治理效能提升至世界领先水平,人机结合的市场监管体系在世界首屈一指,引领全球经济治理未来趋势。

参考文献

[1]马克思.资本论(第一卷)[M].北京:人民出版社,2004.

[2]马克思.资本论(第二卷)[M].北京:人民出版社,2004.

[3]马克思.资本论(第三卷)[M].北京:人民出版社,2004.

[4]马克思,恩格斯.马克思恩格斯选集(第1卷)[M].北京:人民出版社,1995.

[5]习近平.习近平谈治国理政(第一卷)[M].北京:外文出版社,2014.

[6]习近平.习近平谈治国理政(第二卷)[M].北京:外文出版社,2017.

[7]习近平.习近平谈治国理政(第三卷)[M].北京:外文出版社,2020.

[8]习近平.习近平谈治国理政(第四卷)[M].北京:外文出版社,2022.

[9]习近平.论坚持全面深化改革[M].北京:中央文献出版社,2018.

[10]习近平.高举中国特色社会主义伟大旗帜 为全面建设社会主义现代化国家而团结奋斗[M].北京:人民出版社,2022.

[11]习近平.中共中央关于进一步全面深化改革 推进中国式现代化的决定[M].北京:人民出版社,2024.

[12]中共中央文献研究室.习近平关于社会主义经济建设论述摘编[M].北京:中央文献出版社,2017.

[13]中共中央党史和文献研究院.论把握新发展阶段、贯彻新发展理念、构建新发展格局[M].北京:中央文献出版社,2022.

[14]中共中央宣传部,国家发展和改革委员会.习近平经济思想学习纲要[M].北京:人民出版社,2022.

[15]中央党校采访实录编辑室.习近平在上海[M].北京:中共中央党校出版社,2022.

[16]上海市委宣传部.当好改革开放的排头兵——习近平上海足迹[M].上海:上海人民出版社,2022.

[17]沈开艳.上海经济发展报告(2024):"五大新城"发展[M].北京:社会科学文献

出版社,2024.

[18]上海市人民政府发展研究中心上海发展战略研究所.上海经济发展新动能研究[M].上海:格致出版社,2020.

[19]基思·赖特森.人间烟火:英国近代早期的经济生活,1470—1750年[M].刘旭译.北京:商务印书馆,2023.

[20]程进.新时代上海发展不平衡不充分问题研究[M].上海:上海社会科学院出版社,2024.

[21]陆铭.大国大城:当代中国的统一发展与平衡[M].上海:上海人民出版社,2024.

[22]简新华.中国特色社会主义政治经济学重大疑难问题研究[M].合肥:安徽大学出版社,2018.

[23]金瑶梅.上海引领长三角一体化发展的实践创新[M].上海:上海人民出版社,2024.

[24]裴长洪,杨春学,杨新铭.中国基本经济制度:基于量化分析的视角[M].北京:中国社会科学出版社,2015.

[25]任初轩.金融强国之路:理论与实践[M].北京:人民日报出版社,2023.

[26]王健,张秀莉,林超超.国家战略与上海发展之路(1949—2019)[M].上海:上海人民出版社,2024.

[27]尹晨.上海自贸试验区持续创新研究[M].上海:复旦大学出版社,2024.

[28]张励.转型与跨越:新中国成立以来上海发展战略的历史演进[M].上海:上海书店出版社,2024.

[29]习近平.关于《中共中央关于全面深化改革若干重大问题的决定》的说明[N].人民日报,2013—11—16.

[30]习近平.正确发挥市场作用和政府作用 推动经济社会持续健康发展[N].人民日报,2014—05—28.

[31]习近平.在庆祝"五一"国际劳动节暨表彰全国劳动模范和先进工作者大会上的讲话[N].人民日报,2015—04—29.

[32]习近平.坚持构建中美新型大国关系正确方向 促进亚太地区和世界和平稳定发展[N].人民日报,2015—09—23.

[33]习近平主持召开中央财经领导小组第十一次会议强调 全面贯彻党的十八届五中全会精神 落实发展理念推进经济结构性改革[N].人民日报,2015—11—11.

[34]习近平.立足我国国情和我国发展实践 发展当代中国马克思主义政治经济学[N].人民日报,2015-11-25.

[35]习近平.毫不动摇坚持我国基本经济制度 推动各种所有制经济健康发展[N].人民日报,2016-03-09.

[36]习近平.在庆祝中国共产党成立95周年大会上的讲话[N].人民日报,2016-07-02.

[37]习近平在全国金融工作会议上强调 服务实体经济防控金融风险深化金融改革 促进经济和金融良性循环健康发展[N].人民日报,2017-07-16.

[38]习近平.决胜全面建成小康社会 夺取新时代中国特色社会主义伟大胜利[N].人民日报,2017-10-18.

[39]习近平.在中国共产党第十九次全国代表大会上的报告[N].人民日报,2017-10-28.

[40]习近平在中共中央政治局第三次集体学习时强调 深刻认识建设现代化经济体系重要性 推动我国经济发展焕发新活力迈上新台阶[N].人民日报,2018-02-01.

[41]习近平.在民营企业座谈会上的讲话[N].人民日报,2018-11-01.

[42]中央经济工作会议在北京举行 习近平李克强作重要讲话[N].人民日报,2018-12-22.

[43]中央经济工作会议在北京举行 习近平李克强作重要讲话[N].人民日报,2019-12-13.

[44]习近平.在企业家座谈会上的讲话[N].人民日报,2020-07-22.

[45]习近平.在经济社会领域专家座谈会上的讲话[N].人民日报,2020-08-25.

[46]习近平.坚持"两个毫不动摇" 把民营经济人士团结在党的周围 更好推动民营经济健康发展[N].人民日报,2020-09-17.

[47]习近平.在深圳经济特区建立40周年庆祝大会上的讲话[N].人民日报,2020-10-15.

[48]习近平.加强反垄断反不正当竞争监管力度 完善物资储备体制机制 深入打好污染防治攻坚战[N].人民日报,2021-08-31.

[49]习近平主持召开中央全面深化改革委员会第二十三次会议强调 加快建设全国统一大市场提高政府监管效能 深入推进世界一流大学和一流学科建设[N].人民日报,2021-12-18.

[50]习近平主持召开中央全面深化改革委员会第二十四次会议强调 加快建设世

界一流企业 加强基础学科人才培养[N].人民日报,2022—03—01.

[51]习近平.依法规范和引导我国资本健康发展 发挥资本作为重要生产要素的积极作用[N].人民日报,2022—05—01.

[52]习近平.高举中国特色社会主义伟大旗帜 为全面建设社会主义现代化国家而团结奋斗——在中国共产党第二十次全国代表大会上的报告[N].人民日报,2022—10—26.

[53]习近平.深化团结合作 应对风险挑战 共建更加美好的世界——在2023年金砖国家工商论坛闭幕式上的致辞[N].人民日报,2023—08—23.

[54]中央金融工作会议在北京举行[N].人民日报,2023—11—01.

[55]习近平.同心协力 共迎挑战 谱写亚太合作新篇章——在亚太经合组织工商领导人峰会上的书面演讲[N].人民日报,2023—11—18.

[56]习近平在参加江苏代表团审议时强调 因地制宜发展新质生产力[N].人民日报,2024—03—06.

[57]习近平主持召开企业和专家座谈会强调 紧扣推进中国式现代化主题 进一步全面深化改革[N].人民日报,2024—05—24.

[58]中共中央关于进一步全面深化改革 推进中国式现代化的决定[N].人民日报,2024—07—22.

[59]上海市委.十二届市委五次全会决议[N].解放日报,2024—07—30.

[60]程鹏,杨犇.激发新质生产力"核爆点"[N].解放日报,2024—07—30.

[61]丁任重,何悦.形成大保护大开放高质量发展新格局[N].解放日报,2024—07—30.

[62]郭丽岩.推进重点领域改革加快完善市场经济基础制度[N].学习时报,2024—05—17.

[63]黄群慧.聚焦构建高水平社会主义市场经济体制[N].解放日报,2024—07—30.

[64]经济日报评论员.健全宏观经济治理体系——学习贯彻党的二十届三中全会精神[N].经济日报,2024—07—25.

[65]季正聚.新时代党领导经济工作的若干重要经验[N].经济日报,2021—11—11.

[66]刘元春.以经济体制改革为牵引,进一步全面深化改革[N].光明日报,2024—08—13.

[67]刘元春.以科技创新引领现代化产业体系建设(人民要论)[N].人民日报,2024—02—21.

[68]史佳卉.社会责任是企业做大做强的基石[N].经济日报,2018-04-20.

[69]盛毅.开创区域协调发展新局面[N].解放日报,2024-07-30.

[70]钱春海.让制度更加成熟定型[N].解放日报,2024-07-30.

[71]齐卫平.总目标 总愿景 总方案 总动员[N].解放日报,2024-07-30.

[72]王多,肖金成,王佳宁.以大开放促大开发[N].解放日报,2024-07-30.

[73]谢环驰.坚持用全面辩证长远眼光分析经济形势 努力在危机中育新机于变局中开新局[N].人民日报,2020-05-24.

[74]原磊.新质生产力为高质量发展注入动能[N].经济日报,2024-07-23.

[75]叶日者.谱写民营经济发展新篇章[N].人民日报,2023-04-06.

[76]张国清.构建全国统一大市场(学习贯彻党的二十届三中全会精神)[N].人民日报,2024-07-29.

[77]习近平.社会主义市场经济和马克思主义经济学的发展与完善[J].经济学动态,1998(07).

[78]习近平.对发展社会主义市场经济的再认识[J].东南学术,2001(04).

[79]习近平.关于《中共中央关于全面深化改革若干重大问题的决定》的说明[J].求是,2013(22).

[80]习近平.切实把思想统一到党的十八届三中全会精神上来[J].求是,2014(01).

[81]习近平.不断开拓当代中国马克思主义政治经济学新境界[J].求是,2020(16).

[82]习近平.扎实推动共同富裕[J].求是,2021(20).

[83]习近平.正确认识和把握我国发展重大理论和实践问题[J].求是,2022(10).

[84]习近平.当前经济工作的几个重大问题[J].求是,2023(04).

[85]习近平.加快建设农业强国 推进农业农村现代化[J].求是,2023(06).

[86]国务院国资委党委.国企改革三年行动的经验总结与未来展望[J].人民论坛,2023(05).

[87]卜金超.习近平在正定工作期间的领导实践与思想方法研究[J].中共石家庄市委党校学报,2024(04).

[88]曹广伟,宋利朝.全面深化经济体制改革的"试验田"——中国(上海)自由贸易试验区的制度创新[J].中国特色社会主义研究,2013(06).

[89]常修泽.深化要素市场化改革需厘清的若干理论问题[J].人民论坛,2024

(15).

[90]丁波涛.我国数据要素市场治理的模式、现状与对策[J].信息资源管理学报,2024(02).

[91]丁晓钦."做强做优做大":国有企业改革理论与实践的逻辑统一——我国国有企业发展历程与展望[J].当代经济研究,2021(09).

[92]范佳佳.公共数据进入数据要素市场模式研究[J].信息资源管理学报,2024,14(02).

[93]何自力.对"大市场,小政府"市场经济模式的反思——基于西方和拉美国家教训的研究[J].政治经济学评论,2014,05(01).

[94]洪银兴.兼顾公平与效率的收入分配制度改革40年[J].经济学动态,2018(04).

[95]黄群慧.国有企业分类改革论[J].经济研究,2022,57(04).

[96]黄少安.高水平对外开放的认知前提与提升建议[J].西部论坛,2024(06).

[97]姜涛.习近平关于政府与市场关系重要论述的理论逻辑与实践逻辑——基于供需视角[J].治理现代化研究,2022,38(04).

[98]井志忠.日本市场经济制度的双重演进及启示[J].经济纵横,2006(02).

[99]孔田平.中东欧经济转型的成就与挑战[J].经济社会体制比较,2012(02).

[100]李长安.建设全国统一大市场:背景、深意与挑战[J].人民论坛,2022(18).

[101]刘凤义.新自由主义、金融危机与资本主义模式的调整——美国模式、日本模式和瑞典模式的比较[J].经济学家,2011(04).

[102]刘航,张骥,马斯曼.从宏观经济调控到宏观经济治理——现代化建设全局下完善宏观经济治理体系的逻辑与实践[J].经济学家,2023(10).

[103]刘伟.习近平宏观经济治理思想开拓马克思主义政治经济学的新境界[J].马克思主义理论学科研究,2022,08(01).

[104]刘元春,张晓燕,祝宪等.坚定不移构建开放型世界经济[J].中国发展观察,2023(Z2).

[105]刘元春.在三大超越中准确把握共同富裕的理论基础、实践基础和规划纲领[J].中国经济评论,2021(09).

[106]刘元春.在总结中国共产党百年奋斗史中认识中国道路[J].教学与研究,2021(12).

[107]刘志彪.全国统一大市场构建的底层逻辑与推进路径[J].东南学术,2024

(02).

[108]陆南泉.关于苏联、俄罗斯经济改革若干重要问题的评价[J].广东社会科学,1998(03).

[109]孟捷.略论社会主义市场经济中的国有资本[J].马克思主义与现实,2023(03).

[110]孟捷.社会主义初级阶段基本经济规律新论[J].学术月刊,2022(12).

[111]孙景宇.如何理解转型国家的制度变迁——对相关研究的一个总体评价[J].江苏社会科学,2009(04).

[112]孙来斌,颜鹏飞.依附论的历史演变及当代意蕴[J].马克思主义研究,2005(04).

[113]王金秋,赵敏.高水平对外开放与高质量利用外资研究[J].政治经济学评论,2024(05).

[114]徐政,牟春伟.以高水平对外开放推进新质生产力发展——基于"四链"融合视角[J].河南大学学报(哲学社会科学版),2024(03).

[115]许可.数据要素市场的法律建构:模式比较与中国路径[J].法学杂志,2023(06).

[116]闫茂旭.习近平关于构建高水平社会主义市场经济体制重要论述研究[J].国家现代化建设研究,2023(06).

[117]杨瑞龙.马克思主义中国化的新成果——关于习近平对政府与市场关系的论述的研究[J].经济理论与经济管理,2022(04).

[118]张道根.经济制度变迁逻辑与中国经济体制改革[J].学术月刊,2022(01).

[119]张军.中西福利文化下社会福利制度模式比较分析——基于中国、日本、美国、瑞典四国的考察[J].探索,2011(05).

[120]周文.中国式现代化与宏观经济治理[J].当代经济研究,2023(09).

[121]张友鹏.我国宏观经济治理体系的历史嬗变与学理创新[J].经济学家,2024(04).

[122]张占斌.习近平总书记"经济八论"[J].人民论坛,2013(34).

[123]周泽红,郭劲廷.以全国统一大市场建设推动区域协调发展的政治经济学分析[J].马克思主义与现实,2024(02).